JN410873

303번 버스 바퀴의 독백

초판 1쇄 인쇄일 2013년 12월 9일
초판 1쇄 발행일 2013년 12월 13일

글 김일남
그림 김영규
펴낸이 양옥매
디자인 오현숙

펴낸곳 도서출판 책과나무
출판등록 제2012-000376
주소 서울특별시 마포구 월드컵북로 44길 37 천지빌딩 3층
대표전화 02.372.1537 **팩스** 02.372.1538
이메일 booknamu2007@naver.com
홈페이지 www.booknamu.com
ISBN 978-89-98528-83-6(03810)

이 도서의 국립중앙도서관 출판시도서목록(CIP)은 서지정보유통지원 시스템 홈페이지(http://seoji.nl.go.kr)와 국가자료공동목록시스템(http://www.nl.go.kr/kolisnet)에서 이용하실 수 있습니다.
(CIP제어번호 : CIP2013026621)

303번 버스 바퀴의 독백

김일남 시화詩話선집

책머리에

그간의 출간된 시집과 수필집 중에서 몇 편씩을 고르고 최신작과 함께 시화(詩話)선집을 엮어 보았다.

아! 얼마나 무섭고 부끄러운 일인가? 한편 한편 다시 훑어보니 내세울만한 작품이 없다.

훑어보면서, 자책하면서 눈에 거스르는 시어나 단어들을 다시 고쳐 인생의 한 마디를 정리한다는 의미에서 출간하게 되었다.

무섭고 부끄러운 일이라도 그것 역시 나의 삶의 일부이니까.

마지막으로 이 시화선집을 출판하면서 기꺼이 도움을 주신 이영애 화백께 다시 한 번 감사드린다.

2013년 11월 15일 강릉 난곡동에서 **김일남**

• 목차 •

수필집

별에서 바라보는 지구

누워 바라보면
지구도 꿈꾸는 별일지 몰라
비, 바람 몰아치는 일상조차
반짝, 섬광(閃光)으로 빛나겠지
어둠 마디마디 거리의 불빛들
은하수 가장자리 어디쯤인데
그 개울 언저리에 흐르는 사람들
스스로 자전(自轉)하는 별이거니
눈 비비고 사람들을 쳐다보면
스스로 빛이 되어 흐르다가
마침내 별똥별
우수수우수수 쏟아지겠지

2011

노란물 봉선

길을 걷다가

– 버려진 연애편지

쓰레기로 버려진 이 시대 사랑 하나가
통증 한 점 없이 웅크리고 있어
편지지에 그려진 선홍(鮮紅)빛 심장 하나
펄떡펄떡 바람에 날리다가
질긴 차바퀴에
한 치 고통 없이 밟히고 있어

누구의 사랑이기에 저다지도 가벼운 걸까

안간힘을 쓰며 새겨 넣었을
사랑의 십자가여, 그 아래
실핏줄로 짓이겨진 사연 몇 줄기
마디마디 부러져 피 흐르는데
문득, 숨을 거둔 어느 사랑의 예감이거나
이별의 배반이거나

바퀴에 할퀴다가 빗물에 채여

오오 썩을 사랑

애타게 미화원을 기다리는데

2012

버스 정류장

기다림을 위해
이토록 간절함이 어디 있으랴
너와 내가 번호 찾아 서성이는 집
구구절절 마중 길이 어디 있으랴

일초가 십분
기다림이 쑥쑥 자라 간절함이 되었거니
간절함이 부풀어 터지는 순간
머리카락 휘날리는 여배우와 함께
꽃비처럼 저마다의 번호가 피네

너와 내가 두서없이 만났다가
아무 미련 없이 이별하는 집
저마다의 만남과 이별을 위해
이다지도 초조한 기다림이여

2013

303번 버스 바퀴의 독백

누르면 누를수록 자유를 외치는 공기들의 몸서리가 우리를 내닫게 한다. 도로를 따라 검은 살갗이 딱딱한 돌부리에 닿아 찌르듯 아픈 고통의 순간, 빵빵하게 갇혀 요리조리 쏠리며 탈출을 꾀할수록 타는 내 몸뚱이, 그 비명에 아픈 몸을 추스른다. 등 뒤에 거대한 철가방 메고 그 속에 버거운 일상도 채워 비 오듯 땀을 쏟는 이 거리에 오늘도 수많은 기압(氣壓)이 내 안에 갇혀 외마디 비명을 지를수록 우리들은 힘껏 달린다.

2013

버스 일기

예고도 준비도 없이 그대와 내가 한통속이 되어
포개어진 시간을 나누어 마시지, 무방비 상태로
그대 일상과 겹겹이 포개어져 구르지
함께 흔들리며 구르다가
어느 길목이던가, 손끝에 살짝 홍조 물든 채
한 겹 치즈처럼 그대 떠나면
내가 그 자리에 앉아, 치즈처럼
그대가 남긴 온기에 녹아내리지, 어디론가
또 다른 그대와 한통속이 되어
우리들 온기, 겹겹이 포개어진 시간들
흔들려도 흘러도
무방비 상태로 나누어 마시지

한통속에서

2013

버스 안에서

이보다 무심한 만남과 이별이 어디 있으리
투명하고 간단한 증명으로
만남과 이별을 거래합니다
흔들리는 방, 온몸으로 부대끼면서
길목마다 낯 설은 만남과 이별
청소년입니다. 감사합니다
다듬어진 목소리, 만남을 외치다가
봉숭아꽃 선율, 손가락에 물들면
하차입니다. 저다지도 간단한 이별아
이별이 만남에게 자신을 내어주고
무너질 듯 떠나는 그대여
흔들리고 기울어 늘, 어수선하지만
이별이 만남에게 잘 데운 체온을 넘겨주고
조건 없이 떠나는
이보다 애틋한 사랑은 또 어디 있으리

2013

버스가 그대에게

나 그대 앞에 서면
그대 나에게 온전히 안겨드네
굽이굽이 길목마다 엮어놓은
나와 너의 만남과 이별
간절하게 손 흔드는 그대여

만남은 그대가 숨겨 놓은 나의 번호표
이별은 심장에서 터지는 나의 핏빛 숨결
한 뱃속에서 덜컹덜컹
안간힘을 쓰는 우리들

그대 떠나면 또 다른 그대를 맞아
세상과의 만남이거나
세상과의 이별이 나의 뱃속
구석구석 흐르지

머리끝, 발끝에서 우리들
이별은 만남에게 만남은 이별에게
평등하고 투명하게 서로의 온기를
나누어 마시지

2013

낯선 거리 시내버스

일초가 십분, 출발을 기다리지. 하늘이 보이는 오두막에서 너도나도 숨 고르며 목줄을 빼고, 가슴 깊이 꿰매놓은 번호표여

저어기, 반쯤 머리 내민 그대가 이마에 번호표 질끈 매고 몸통을 드러내면 안도의 한숨, 너도나도 일어나 줄을 서지. 통로 입구에서 등록을 하고 아직은 경로석을 지나 고리를 잡고 선다. 이제 모두 출발이다

코스는 동일, 앉으나 서나 흔들리며 쩔쩔매며 뒤틀리지만 각자 쌓은 내공으로 균형을 잡아 마술처럼 달리는 마라토너들. 풍경 헤집으며 정해진 길목에서 숨도 고르고 뛰다뛰다가 헐떡이며, 자신만의 결승점에서 완주의 벨을 누르지. 온 방에 퍼지는 승리의 멜로디여

오늘도 우리들, 스치며 이별이지만 그대가 떠난 자리, 또 다른 이와 골목골목 일상 속으로, 길목길목 만남 속으로, 서리거리 풍경 속으로 가슴에 새긴 결승점을 향해 뛰고 또 뛴다

뒤틀리며 쩔쩔매며 흔들리면서

2013

303번 버스

– 어느 봄날

어둠 털며 일어서는 것이
어디, 쑥 보따리뿐이랴
밭고랑에 쭈그리고 앉아, 지난 세월
나른했던 굶주림과 허리 맺힌 통증도
이제는 버릇처럼 버스를 타지
연곡천 휘돌아 되새김질
시장 길 떠나는 버스 안에서
황망하게 일어선 새벽 졸음을
창가에 다시 눕혀 꿈을 꾼다

사흘 낮 뜯어 모은 쑥 보따리 펼치고
난전 모퉁이, 바다가 먹다 남은 햇살 던지면
쑥을 먹고 미녀가 된 신화 속 여자들을
기다리지, 황달이 든 쑥 잎을 골라내며
사흘 낮보다 질긴 시간을 죽이지만
난전 앞을 지나며 이 시대 웅녀들이
쑥 향에 취하리라. 마침내 한 소쿠리 사리라

오늘도 꿈을 꾼다
사천 원에 덤까지 한 주먹 주고 나면
손수에게 먹일 꽁치 두 미리, 사탕 한 봉지
해진 보따리가 바닥을 보일수록
꿈은 부풀어, 간 고등어 한 마리와 사탕 한 봉지
황혼 무렵, 수산시장 비린내가 쑥 잎에 앉았다가
남대천에 뛰어들면
굽은 허리 일으켜 보따리를 접는다

한국은행 밑에서 버스를 타고 용강동
사거리를 지나 임영고개
흔들리는 나른함을 눕히는데
잎새마다 절레절레 어둠이 돋는 송림(松林)
쑥대밭이 솟은 그 자리
간절하게 기다릴 손주의 사탕 마중이
창가에 스며, 303번 버스
달빛 털고 일어서는 것이, 어디 사탕 봉지뿐이랴

2013

박새

퇴근길 버스를 타고

통 큰 세상이지, 삶이 통째 들어있어
세대와 시간이 겹겹이 포개어져
흔들리고 덜컹대며, 양보하면서

할머니의 지팡이에 노을빛 스미는데
그 뒷줄, 어머니의 어머니들
자식을 가득 담은 보따리의 보따리들
간간이 꺼내는 일상이 눈물겹지만

보아라, 복도에 서서
주렁주렁 매달린 자식들의 등 가방
지치지도 않아, 신 종족들
끊임없이 두드리며 휘청휘청
손가락에 묻어나는 무언의 대화여
균형 감각이여

삶이 통째 들어 있어, 통 큰 세상이지

2013

늘 오늘처럼, 굽이굽이 덜컹덜컹

– 버스 기사

어둠 밀치며
하루의 통로를 여는 자
굽이굽이 덜컹덜컹
깨알같이 널린 일상을 주워 담는 자
머뭇머뭇 배회하는 사람들
금 쪽같이 챙기는 자여

하루를 지배하는 자
남녀노소 그대 품에 들면
좌우앞뒤, 투명한 화폭마다
파노라마 풍경을 들여놓고
성큼성큼 보여주지 않느냐
그 속으로 달려가지 않느냐
늘 오늘처럼, 굽이굽이 덜컹덜컹

2013

부모 마음

한 솥 가득 사랑을 품어 밥을 짓지만
아들아, 너는 피자를 먹네
내 사랑이 식은 밥으로 딱딱해져도
딸아, 너는 치킨을 먹네
어느 날
너에게 딱딱해진 내 사랑이 떠날 때
네가 아들, 딸 낳아 피자를 먹고
치킨을 먹겠지만
오늘, 네가 떠난 자리에서
딱딱하게 굳은 밥을 혼자 먹으며
서걱서걱 스치는 입맛이
왜 이리 텁텁한지 몰라

2013

시장 가는 길

덜컹, 엉덩이가 솟는다
딩구르르, 보따리가 구른다
엉치보다 보따리의 통증이 먼저 밀려와
삐죽 나온 애호박 꾸러미를 잡는다. 덜컹

304번 버스

굽이굽이 돌 때마다 구석으로 쏠리는데
평생 동행하며 터득한 작용 반작용의 균형으로
중앙시장 가는 길, 난전으로 가는 길
소나무 숲에 앉은 검정 물빛 시간이
채, 쏟아지지 않은 새벽

엉치의 아픔이야 일상이지만

오늘따라

애처롭게 뒹구는 쑥과 고추 보따리

굽이굽이 덜컹덜컹 시장으로 가는 길

난전으로 가는 길

2013

고향 방문

기억을 털었다
별은 의외로 그 갈피 언저리에
웅크리고 있었다
느티나무 가지에 듬성듬성
매달려 있지만
어느 것이 내 별인지 알 수 없었다
별은 나를 보자 후들거렸다
추억의 몸짓으로 대화를 시작해도
멀뚱멀뚱 멀어지는 거리
안개 속 헤매는 내 모습 보고서야
잔가지에 붙어있던 어느 별 하나
딱 한 번 반짝
눈물을 흘려주었다

1992. 제1시집 웃기지 말아요

교사 2

가출한 영이 찾아
뚜르게네프 경양식 집에서
뚜르게네프 주스 한 잔 마셨다
롤러스케이트장 · 생맥주 집
오락실 문 앞에서 쏟아지는
수많은 영이를 보았지만
내 영이는 아무데도 없었다
디스코텍 거리는 그냥 지나쳤다
한 잔 마신 주스가 흔들린다
교정 앞 산허리 어둠 지피는데

1992. 제1시집 웃기지 말아요

세상살이

말 속에 웅크린 속셈 뒤적이다
하루 해 가고
모종의 음모에 가담하는
기막힌 우수(憂愁)

출입문 들어서면
배반의 제 목소리 끝을 만지다
결빙(結氷)의 눈빛으로 숨는다

막연한 기쁨 향해
눈짓 · 손짓 · 발짓으로 선을 긋다가
나이 사십 줄
지조(志操)는 옛날의 박제로 남아
또 하나의 음모만 따돌리고

퇴근길

통나무 술집에서

꼼장어 연기 씹으며

해빙(解氷)의 아침 외치는

늘 아프기만 한

빈 초례청(醮禮廳)

1992. 제1시집 웃기지 말아요

덜 익은 말

불 때고 뒤집으며 기름 부어도
여전히 설은 날말
지구의 자전처럼 되돌아선다
밤 새워 수선하고 기워도
아침 햇살 쪼이면
부끄러운 빛깔로 일어선다

어둠의 불 속 돌고 돌아
단단하게 익어다오 언어여
울음 섞인 눈빛이 지천으로 깔린
사전을 넘길 때처럼 슬픈 적은 없다

매듭으로 꺾이는 시간
이 여름 지나 가을이 오면
비월(飛越)의 기호로 익어다오
먼지 털고 일어서는 오늘 밤에도
신선한 쉼표는 어디에도 없고
어느새
그림자 깔려있는 새벽이다

1992. 제1시집 웃기지 말아요

웃기지 말아요

웃기지 말아요
논리가 논리일지라도
당신 가슴 속앤 거짓말이 가득해요
오랜 세월
눈빛 보면 알 수 있어요

웃기지 말아요
거짓말 탐지기를 동원할까요
우리끼리 발명한
우리가 헤어지는 첨단 기계 말이에요

거짓말과 손잡은 욕심들이
당신 가슴 속 산으로 쌓여
영혼조차 그 사탕에 중독되었음을
눈빛으로 알 수 있어요

웃기지 말아요

1992. 제1시집 웃기지 말아요

개미

잠자리 날개 하나 입에 물고
바삐 귀가하는 저이 좀 보아
끌다끌다 지쳐
까맣게 타버린 만신창이
더듬이 주무른다. 그것도 잠시
목숨으로 뛰는 일상이여

1993. 제2시집 즉물환상

친구

내 친구 섭이는 꽃이 되었다
민들레 하얀 꽃술 바람타고 날아가
강릉 단오 그 거리
하염없는 축복 속에 달맞이 꽃 되었다
너는 떠나고 우리들은 남아
눈물겨운 한 잔 술 마시는구나

내 친구 섭이는 왕이 되었다
이승에 남은 친구 토닥토닥 위로하고
해맑은 눈짓으로 사랑 뿌리다가
마침내 대관령 왕이 되었다
우리들은 너의 백성
그리움 그리움에 몸서리치는
우리들은 너의 친구

1993. 제2시집 즉물환상

꽃의 숙명

꺾이운다
숙명처럼 언제나 꺾이운다
아름다움 간직한 그만의 원죄(原罪)
그리하여 향기
위험하기 짝이 없는 목숨 값이리

길들여진 화원에서
소리치지 못하는 통증이 오고
다듬어진 미소로 여인의 창가
남은 목숨 불태우는 저 흐느낌

꺾지 않아도 스스로 꺾이운다
화려함을 간직한 목숨 값이리
티끌만치 흘러간 시간의 중턱
연기되어 꽃잎 시들어 흩어지고
마지막 남은 절규
소리 없이 툭툭 쓰러진다

꺾이우는 숙명으로 맺혀

피멍들어 타오르는

저 슬픈 아름다움

1993. 제2시집 즉물환상

아이들도 스스로의 무게로 살아간다

들여다보면
아이들도 스스로의 무게로 살아간다
그 무게 넘쳐 비지땀 흐를 때
가끔 받쳐주면 그 뿐
지나친 조율(調律)은 어색한 음악을 남길 뿐이다

가만히 들여다보면
아이들은 스스로의 보폭(步幅)으로 걷는다
쏠리며 치우칠 때
잠시 잡아주면 그 뿐
지나치게 그 방향 뒤틀다 보면
멍든 상처만을 남길 뿐이다

자세히 들여다보면
아이들은 스스로의 빛깔로 꽃을 그린다
푸른 장미 · 붉은 백합 · 뜨거운 겨울 언덕
세 발 달린 코스모스
어른은 가끔, 저 자유 배우면 그 뿐
지나친 빛깔 논리
어색하게 시든 꽃만 남길 뿐이다

1993. 제2시집 즉물환상

고향

내 마음 속
지워도 지워지지 않는 그림이야
뾰족한 세상 허벅지를 찌르면
아름드리 소나무들 성큼성큼 다가와
통증 만져주지 구슬땀 닦아주지

불면처럼
정지 밖 살구 향 · 이슬 맺힌 호박꽃
지천으로 울어대던 개구리 소리
깜빡이는 반딧불 내음
싸늘한 모래 뻘에 손이 닿으면
눈 깜짝 흩어지던 눈발떼기들
나의 황량한 도시로 달려오지

세상의 끝, 아픔일수록

고향 멀어지는데

멀어지면 질수록 마음 구석구석

쭈뼛쭈뼛 일어서 지울 수 없는

그 언덕 푸른 솔바람

영원히 새겨진 문신(紋身)이야

1993. 제2시집 즉물환상

즉물환상 1

– 인생의 무게

빈 저울을 든다
인생의 무게를 재기 위하여
접시저울을 든다
심연 구석구석 수북이 쌓인 고뇌
얽히고 설켜 풀 수 없는 마디
추로 달아 건져내고
허허로운 마음만 남겨
접시저울을 든다

덜어내고 받쳐 든
우리들 인생의 무게
잠자리 깃털로 흩어진다
바람 한 점 없는데

1993. 제2시집 즉물환상

그 해 여름 8호

내 너에게 한 마디만 하자

– 말을 위한 서시

내 너에게 한 마디만 하자
쏟아 부은 네 말이 지구의 자전처럼
팽그르르 팽그르르 헛돌고 있어
어지러워라

네 말을 끼고 아무리 뒹굴어도
빛이 보이지 않아
모호함의 거리에서 쓰러지기 직전
아득하여라

내 너에게 한 마디만 듣자
쏟아 부은 네 말 중에
거르고 거른 마지막 한 줄
그 알맹이를 들려다오

듣지 않으면 제멋대로 돌다가 튀는 파문(波紋)이
나를 덮고 너를 덮고 우리들 덮어
어둠의 강물 되어 흐른다
어시럽고 아득하여라

내 너에게 한 마디만 하고
내 너에게 한 마디만 듣자

1995. 제3시집 내 너에게 한 마디만 하자

깍두기 같은 말

어둔 영혼 밑바닥을 뒤집어
시원한 바람으로 씻으면
쨍하고 터지는 말
팽팽하게 푸른 마음 좋아라

훌훌 털어 빈 가슴
상큼한 단어로 채우고 나면
노곤한 육신
턱없이 긴긴 잠이 오리라

새도록 영혼의 밀실에서
잠에 취해 삭여진 말 조각들이
푸득 깨어 세상을 쳐다보다가
이제, 이념의 끝 입술에서

한참 군침 도는 깍두기 되어

오! 아찔한 향기

뽀득 뽀드득 흩어지리라

1995. 제3시집 내 너에게 한 마디만 하자

우리, 너무 진하지 말자

우리, 너무 진하지 말자
비난도 칭찬도
강가에서의 포옹도
너무 진해 무거운 아픔이 있을 법한
이 예감의 시대에
우리, 너무 진하지 말자
가루되어 흩어지는 햇살이
골고루 언 땅을 녹이는 법
진하지 않아
이 세상 모두를 살리는 법
혹여, 내 진한 개성이 너의 영혼 주물러
나도 모를 어둠 던졌다면
뼈마디 깊숙 사죄하리라
우리, 너무 진한 표정
자랑처럼 세우지 말자

1995. 제3시집 내 너에게 한 마디만 하자

말

늘 투명하게 떠나
너와 나의 심상(心象)에 자리 잡지만
너와 나의 심상에서
내가 뿌린 향기와 무관하게
알 수 없는 빛깔의 꽃 피우고
소리도 없이
두꺼운 아픔의 열매 맺는다

나의 심상에서 떨어진 향기들이
기도(氣道)를 타고 나와
네 가슴에 닿으면
너의 심상에 내려앉는 나의 향기들
오늘 네 가슴에서
어떤 꽃으로 피어있을까?

1995. 제3시집 내 너에게 한 마디만 하자

말 1

– 말의 외출

너는 늘 불시착이다
무명(無名)으로 다가와
가슴 깊이 자리 잡고
신원을 알 수 없는 빛깔이 된다
감성(感性)이 널려있는 들판에서
행복을 낳고 꿈을 꾸지만
욕망이 흔들리는 갈대숲에서
얼굴을 가린 비수가 된다

너는 늘 얼굴 없는 얼굴이다
무념(無念)의 빈터에 다가와
무게 없는 돌을 던지면
술렁이는 파문(波紋)들
햇살 쪼이자 깊이조차 알 수 없는
무덤을 파고 굶주림에 지쳐
선악(善惡)의 미소 떠올리다가
정체불명의 외출을 한다

1995. 제3시집 내 너에게 한 마디만 하자

말 2

– 오해

입술을 뜨면 마음에도 없이
모호함의 거리에서 방황하다가
막다른 골목에서 너는
치수에도 맞지 않는 신을 신는다
마침내 분노의 절벽에 서서
전혀 다른 느낌의 옷을 걸치고
파문(波紋)의 늪을 향해
끝없이 추락하여 너는
발 빠른 세포분열
여기저기 흩어지고 있었다

1995. 제3시집 내 너에게 한 마디만 하자

짝사랑

까마득한 절벽 위에
홀로 애태우는 혼(魂)을 쏘아
그대 향해 날아가는 나는
한 마리 불타는 나비
어두운 밤이어도
나만의 일렁이는 밀실(密室)에서
심연의 그대 눈빛 쫓는다
그대를 향해
싸늘하고 적막한 고도(孤島)에서 나는
한 떨기 외로운 파문
나날이 부서지는 심장의 고동소리
홀로 부여잡고 오늘도 나는
그대가 있는 절벽을 향해
한 치 앞을 못 보는 맹목(盲目)이 된다

1995. 제3시집 내 너에게 한 마디만 하자

내가 저 산에 오르는 것은

내가 저 산에 오르는 것은 산이 있어서가 아니다
멀리서 바라보는 허리선이 기묘하고 웅장해서
육신의 땀으로 곤한 영혼 가다듬기 위해서
정상에서 바라보는 호연지기(浩然之氣)
그건 더더욱 아니다

발끝에 채이는 경이로운 돌 하나가
일상의 들판에 지천으로 널려있음
수많은 우리들의 경이(驚異)가 가치 없이 버려지고
있음을
알기 위해서이다

관목의 뒤틀림과 비명소리조차
메아리로 각색하기
붉게 물든 단풍잎, 임종(臨終)의 고귀함과
떠오르는 구름의 뒤태 만져보기
눈(雪)에 묻힌 절벽에서 안락하게 살아가는
이끼들의 활기찬 생명력을
구구절절 맛보고 냄새 맡기 위해서이다

1995. 제3시집 내 너에게 한 마디만 하자

원터치 리모컨

– 전자 제품 광고주

누르세요
찌는 더위 해결해 드리죠
구석구석 그대 살에 묻어나는 물기조차
훌훌 털어 드립니다
눌러만 주세요

아! 그래요?
그대 혼(魂)에 묻어있는 더위요?
아직 안돼요
잠시 기다리세요. 조금만 더요

익은 살에 둘러싸인 그대 혼백이
덜덜 떨어 걸어 나올 날
허겁지겁 햇빛 찾아 나올 날 있으리다

눌러요 눌러
지구의 회전이 점점 빨라
허덕허덕 푹푹 찔 여름
마침내 겨울에도 리모컨은 필요해요

번호를 잘 보시고
살포시 눌러만 주세요

1995. 제3시집 내 너에게 한 마디만 하자

목욕탕에서

눈 뚜껑 닫은 채 팔짱을 끼고
무슨 비장의 작전 세우는 걸까
화씨 150도 갈증 나는 희뿌연 밀실에서
명예 · 부 · 한 올 체면까지 벗어 던지고
엄숙히 때와의 전쟁을 선포한 병사들
용맹스런 인내여
폭포수 떨어지는 광장에서
순수 빛깔, 자유의 몸짓으로
부산하게 뼈를 미는 연주자들
저켠 탈의실, 패션쇼가 한창이다
울긋불긋 걸어가는 팬티들의 합창
마지막 편린(片鱗)이 불안하다
잘려나간 구석 무늬 때문일까?
탕 속 여울목에서 천정을 바라본다

주렁주렁 앉아있는 눈망울들
천공의 객석에서 차디찬 시선으로
부끄러운 몸뚱아리
시리도록 응시하고 있다

1995. 제3시집 내 너에게 한 마디만 하자

포장마차

퇴근길
서민들이 들르는 포장마차 도마 위엔
주고받는 상대 비판
양념 잘한 안주 냄새 푸짐하다
학생 · 공무원 · 지게꾼 · 장사꾼
가끔은 사장 · 회장
주거니 받거니 술 잔 두드리며
가슴 깊숙 감추어둔 비밀 안주
주인 몰래 꺼내 큰 소리로 씹는다
후배 · 동료 · 부하 · 상사
정치 · 경제 · 사회 · 문화
저마다의 목소리가 갓 구워낸
맛있는 안주꺼리 술잔 위에 오른다

퇴근길

소주 한 잔 주고받는 포장마차 도마 위엔
갓 구워낸 상대 비판
감칠 맛 나는 안주 냄새 연기로 자욱하다

1995. 제3시집 내 너에게 한 마디만 하자

주문진 항

비린내가 펄쩍 튀어 오른다
테트라포드 등대 불빛에도
난전 아줌마 손끝에서도
비릿한 냄새가 쏟아진다

새도록 파도 밑을 뒤지던 불빛이
졸음에 겨워 실눈을 뜨고
여명(黎明)이 꾸물꾸물 온 바다를 쑤시는데
저-어기 태양이 앉아있는 수평선에서
통일호가 찢어진 깃발을 펄럭이며
햇살에 버무린 싱싱한 바다
주문진항 새벽 포구에 가득 부린다

포구 여기저기

비린내에 젖은 배들이 다시 바다를 향해

마지막 숨을 고르고 사내들의 팔뚝에

만선(滿船)의 힘줄이 불끈 서는 아침

싱싱한 비린내가 긴 포구에도

등대로 향하는 방파제에도

마침내 내 손끝에도

펄쩍 튀어 올랐다

1998. 제4시집 어부일기와 털모자

바다에 사는 이유

아따, 새벽마다 밤마다 설레임을 어쩌리
아, 저 산더미 파도가
꽁치 떼 · 오징어 떼 몰고 와
전류가 통하듯 심장이 뛰는 것을
아따, 그때쯤이면
동갑내기 통일호가
녹슨 고물 위 깃발 펄럭이며
주문진 포구에서 새벽마다 밤마다
움찔움찔 몸부림치는 것을
가야하리
파도에 젖은 등대가 달빛에 취하기 전
요동치는 이 심장 추스르기 위해
팔뚝 걷어부쳐 닻을 올리고
싱싱한 비린내가 부르는 바다로
떠나야 하리

1998. 제4시집 어부일기와 털모자

봄이 오는 바다

새벽항구

오징어 덕장에도 선착장에도
덕지덕지 어둠이 매달려있다
파도는 잔잔, 날씨는 쾌청
가까스로 닻줄에 묻어있는 어둠을 털어내고
서두르자. 중 바다에 그물 내리고
오늘도 파도를 뒤질 참이다
평생을 함께한 통일호에
떠오르는 아침을 끌어올려
웅크리고 앉아있는 아내의 주름살에
아직 묻어있는 한 올 어둠까지 훑어 내린 뒤
그제서야 불끈, 그물을 당기자
이른 봄, 값이야 똥이지만
펄떡이는 꽁치 떼가 싱싱하다

1998. 제4시집 어부일기와 털모자

그물

우리들의 생명줄이며 우리들의 오랏줄이다
그물을 수선하고 밧줄을 당기면서
스스로를 저 바다에 띄운다
생멍 철철 넘치는 파도 위에 던지면서
수평선이 있다기에 스무 살 적 따라나선 뱃길이
수평선은 없으면서 언제나 수평선인 저 바다가
한 평생 너와 나의 눈물 철철 넘치는 생명줄이요
눈물 철철 넘치는 오랏줄이다

1998. 제4시집 어부일기와 털모자

바다가 있는 풍경

꼭두새벽
세 두름에 '육천 원'을 부르짖는
아내의 좌판 옆에서
그물을 깔고 앉아 술을 마신다
밤새도록 바다에서 데려온
두어 마리 꽁치를 안주삼아
그물코를 꿰맨다
좌판을 앞에 두고 '떨이요 떨이'를 외치는
아내의 대사에 두 눈을 부릅뜬 꽁치들이
오가는 사람들을 응시하는데
오늘따라 아내의 대사가 우르르 밀려오는 비린내처럼
해어진 그물코에 자꾸 걸린다

바다가 있는 풍경 앞에서 '예순 마리에 '육천원'
독백처럼 주저리는 주인공을 보면서
나는 가설무대 관객이 되어
바다에서 데려온 소품을 안주 삼아
한 잔 술을 마신다

1998. 제4시집 어부일기와 털모자

도망치지 못하는 자의 아픔

나는 무얼 바라 그물을 던지고 있을까
당기고 풀고 기우면서
억척스레 핏대를 세우는 갈까
당기면 제일 먼저 걸렸다가 이내 사라지는
반짝이는 햇살, 저 뿌듯한 꿈의 꽃잎들
그 밑에 주렁주렁 열매 맺은 싱그런
비린내를 보아라

그물을 당기면서 한 평생 바다에서 살아온 내가
어제, 우리들의 비린내 나는 돈을 챙겨
도망간 수협 직원 이씨를 생각한다
그들은 무얼 바라 자신의 서류철에
촘촘하게 그물을 치고 조금 남은 우리들의
햇살조차 모두 훑어 버리는 걸까
뭍은 무얼 바라 도망치지 못하는 자의 아픔을
마시며 사는 걸까

1998. 제4시집 어부일기와 털모자

그리움

흐릿한 창가에서 바라보는
알 수 없는 풍경들의 설렘 같은 것
그대 표정이 흐릿하게 무너지며
떨어지는 빗물에 씻기는구나
우리들 추억의 강변
갈대숲은 변함없이 흔들리는데
그대가 있어야 할 자리엔
겨울이 와서 만상(萬象)을 지우는 지우개처럼
하얀 눈이 어느새 빼곡하구나
그대를 향한 불타는 마음
봄이 오면 흰 눈이 녹듯
소리 없이 사라지길 바라지만
추억의 강변에서 잊혀지지 않는 손짓으로
오늘도 쑥쑥 자라는데

1998. 제4시집 어부일기와 털모자

무지개

누구였을까
지친 어둠 속 눈물 머금어
끝없이 뿜어내는 빛의 행렬들

천둥소리 번개소리
온 누리 감겨있는 어둠을 깨고
밤낮 흐르던 눈물 모아서

비 개인 오후
노을 가로지른 푸른 오선지
섬섬옥수 그려 넣은 이 그리움

1998. 제4시집 어부일기와 털모자

새벽 산길

두 눈 비비며 산을 향해 걷는다
싱싱하게 깨어난 잎새들의
깔끔한 웃음들
그 자리에 잘 있는지
오늘은 또 얼마나 자라
자신의 길을
묵묵히 가고 있는지

동트는 새벽
바람 한 점 주울 겸
새벽 산길 오른다
어느 날엔가 싱싱하게 자라
송이송이 맺힐 메꽃 그리며
두 눈 비비며 산을 향해 걷는다

바람 한 점 마실 겸

1998. 제4시집 어부일기와 털모자

산에 오르며

허적허적 오르다 보면
우리 들판의 신작로, 그 탄탄대로의 지루함이
얼마나 무서운 맹목(盲目)인가를 절감하면서
산에 오른다. 어디 그뿐인가
꼬불꼬불 엮어 허리 휘감은 아찔함에
산뜻한 쾌감을 맛보며
첩첩 개울가에서 양손에 움켜, 한 모금 물마시다
도토리 한 개에 목숨 건 다람쥐를 만나
그 무심(無心)한 곡예에 경이로운 갈채를 보내다마다
또 어디 그뿐인가
어둑한 숲길 허리춤마다 지천으로 숨어있는
숲의 향기에 조건 없이 온 몸을 맡길 수 있다마다
게다가 그 뿐인가
정상에 올라 메아리를 부를 때
메아리 끝자락이 안개 바다 아득
뉘엿뉘엿 노을 밭에 흩어짐을 보면서
지지고 볶던 들판의 일이 하염없이 작아

부끄러워라

허적허적 오르다 보면
어디 그 뿐이던가

1998. 제4시집 어부일기와 털모자

하루의 맛

하루를 먼저 가진다 하여
그 권력의 맛을 조금 안다고 하여
내일을 건지는 건 아니다
인생을 건지는 건 더더욱 아니다
먼저 맛본 하루 때문에 어깨에 힘을 주지만
그 맛이 또 다른 탐욕을 예비하면
스스로의 하루를 태울 뿐이다
아침에 눈 비비면 또 다른 하루가 일어서서
깊이를 알 수 없는 내일을 향해
째깍째깍 걸어가지 않는가

1998. 제4시집 어부일기와 털모자

노랑 시인에게

고독

흐느낌을 만져보고 싶다
빈 들판에서
흐린 하늘 침묵의 강 바라보면서
혼자 있길 거부하는 그리움이
누군가의 뒷모습을 떠올리고 싶을 때가 있다

아쉬움을 건져보고 싶다
빈 방에 앉아
경대(鏡臺)위의 전화기를 응시하면서
혼자 있길 거부하는 그리움이
누군가의 목소리를 기다리고 싶을 때가 있다

빈 들판, 빈 방에서
누군가의 뒷모습이 떠오르고
누군가의 목소리가 기다려져
혼자 있길 거부하는 그리움의 연기로
한없이 어둑어둑해질 때가 있다

1998. 제4시집 어부일기와 털모자

신호등

거부의 몸짓과 허락의 손짓 사이
깜빡인다. 무표정의 표정으로
불안함을 부추기는 또 하나의 몸부림

냉혹한 전진으로 혹은 멈춤으로
가다 서다 헐떡이며 우리들
나란히 선 거부와
나란히 선 허락과
나란히 선 무표정의 표정에
속절없이 끌려가는 발걸음아

깜빡 · 깜빡 · 깜빡인다. 차디찬 불빛
이 도시의 새김질에
속절없이 끌려가는 복숨이여
곤두서는 우리들의 신경이여

1998. 제4시집 어부일기와 털모자

자화상

움푹 꺼진 눈 뚜껑을 보아라
홈빡 빠진 볼따구니 보아라
왕방울 눈망울이 무언가 바라본들
빼빼마른 볼따구니 웃어본들 어쩌리

이 처연(悽然)한 생김이여

콧능선은 뾰족 골짜구니 얕아
까무잡잡 살 뿌리에 쑤셔 박힌 털이 숭숭
바라보고 또 보아도 이쁜 구석
한 톨 없는 화상아

1998. 제4시집 어부일기와 털모자

털모자

평생 모자를 쓰지 않은 겨울이 너무 추워
털모자를 쓰고 나선 새벽에 눈이 내려
온 세상 눈이 내려
소나무 가지마다 김이 서린다
새까만 털모자를 벗고 싶지만
온 세상 하얀 고요와
걸어가는 까만 털이 제법 어울려
내 자신이 겨울인 듯
겨울을 안고 있는 함박눈인 듯
벗지 않으련다
마음 속 평화를 가득담은
이 순간을 놓치고 싶지 않아
털모자 위에도 가득 쌓인 이 평화를

1998. 제4시집 어부일기와 털모자

안개

늘 자욱하지만
스스로는 언제나 투명하다
언제부터인가 어둠 깔린 강변에
아무 몰래 모여들어
새도록 살 부비며 버드나무 가지만 흔들다가
새벽이 오기 전에
아스라이 자욱한 내가 되어 아아
또 다른 투명을 그리는구나
아침이 오기 전에
서로의 살을 통해 희미하게 보이는
대관령을 꿈꾸며
함께 모여 늘, 자욱하지만
마침내 시작될 이 소멸(消滅)의 순간들
얇은 허공에서 애타게 그리는구나

1998. 제4시집 어부일기와 털모자

사진 찍기

세월 어디쯤에 구도를 잡아
그 계단 어디에 서야
우리들의 풍경이 아름다운가

풍경 속에 들어있는 너와 나의 대화가
호수처럼 맑은 배경이 되어
어디에 서서 바라보아야
불꽃같은 미소가 조명으로 터져

인화지에 물들면

세월의 벽 어디에 걸어 놓아야
멋들어진 풍경이 될 수 있을까

2009. 제5시집 주머니 속의 행복

소망

나와 너의 지문(指紋)이 다르고
수놓은 문양(紋樣)이 다를지라도
올바르게 다듬어진 재목이 되어
도란도란 이야기로 흐르면
정겨운 기둥이 되고
밀거니 잡거니 등허리를 타고
개성 있는 지붕 밑에 둘러앉아
은은하게 빛나는 어느 서까래의
한 조각이 되고 싶다
한 점 문양이 되고 싶다

너와 나의 서로 다른 지문과 문양이
물방울로 만나 강물로 흐르다가
어디쯤에 잠시 쉬어
달과 별이 쏟아지는 호수가 되었다가
꿈틀대는 용트림
망망하고 아득한 바다에 닿아
저 망망함의 한 조각이 되고 싶다
저 아득함의 한 방울이 되고 싶다

2009. 제5시집 주머니 속의 행복

낚시

이 바다에 한 풀 벗어 던지니
텅 빈 자태가 가뿐하구나
때 묻은 혼을 꺼내 손가락에 쥐고
꿈틀대는 슬픔을 바늘에 꿰어
힘껏 파도에 던지고 나니
상쾌하여라
이제 찌만을 바라보자
월척 파도 떼가 내 혼 구석구석 묵은 때를
제대로 물때까지 수평선을 바라보며
세월을 낚으면 그만
마침내 두두둑 손맛이 오고
슬픔도 하얗게 떨어지면
발걸음도 가볍게 낚싯대 접어
일상의 들판으로 걸어가야지

2009. 제5시집 주머니 속의 행복

먼지 털기

일상(日常)을 올려놓고 닦는다
윤이 반짝이도록
남은 날을 위하여 눈부시도록
어제 쌓인 먼지는 털어내고
소중한 오늘이 피었다 지는
한 송이 꽃인 줄 마침내 알아
일상을 돌리며 구석구석 닦는다

2009. 제5시집 주머니 속의 행복

수수께끼

살아가면서
정답을 알 수 있는 일상이 몇이나 되리
김치찌개, 된장국, 산채 비빔밥이라든가
떡갈나무와 뻐꾸기 울음소리
이웃집 찬장에 들어있는 숟가락 개수나
찻잔의 무늬야
눈과 세월이 알려주지만

그대의 오늘 기분이나
거기 편승(便乘)한 한마디 말 자락이
언제 폭발할지도 모를
우리가 안고 가는 또 하루의
가공할 괴력(怪力)이 어느 정도일지
어디 가늠할 수 있으리

한 치 앞을 내다볼 수 없어
누구나 정답이라 호언장담(好言壯談)하는
사랑의 햇살을 찍어보지만
사랑의 깊이도
감정의 한 모퉁이에 지나지 않아
살아가면서
정답을 알 수 있는 사랑법이
어디 있으리

2009. 제5시집 주머니 속의 행복

사랑은

완벽해야 한다고들 하네
저 높은 하늘에서 별도 따야하고
흔들리지 않아야 한다고들 하네
멀리 있어도 생생해야 하고
오를수록 아찔한 사랑
게다가 빛나야 한다네

낭만이 있어야 제격이라네
여행가는 기분으로 촛불을 켜고
한 번 쯤 잔을 부딪치되
지루하지 않아야 하네
알프스 언덕이나 미시시피 어디쯤
너무 높아 숨 가쁘고
바라보면 현기증 나는
개다가 순수해야 한다고들 하네

일상의 들판에 지천으로 피어
수수한 아픔에도 흔들리는 사랑
한 톨 바람에도 울먹이는 낭만
이런 사랑 저런 낭만이
마침내 서럽도록 아름다운데

2009. 제5시집 주머니 속의 행복

밥

그대 생각을 책갈피에 넣어
서가(書架)에 꽂을 수만 있다면
해가 뜨고 달이 떠도 펼쳐볼 수 있어요
그만큼 사랑할 수 있어요

그대나 나나 일상에 가라앉아
생각 하나 주울 수가 없어
숨죽인 사랑들
까마득히 알 수 없어 아득하여라

사랑과 미움조차 밥에 파묻혀
해가 뜨고 달이 떠도 실루엣처럼
오늘도 무덤덤 마주 보는데

2009. 제5시집 주머니 속의 행복

"나비야 청산가자" 부추꽃

회초리

배움을 가지고 누가 나무라느냐
배울수록 모래성을 쌓아
무너질 것을 번연히 알면서도
그대로 올라서는 너를
배울수록 아픔이 깊어가는 너를
배워서 남 주지 못하는 너를

바라보는 에미 애비의
글썽이는 가슴이 문제가 아니라
배움에 목숨 걸지만 그럴수록
따스한 심장을 저버리는
너의 눈빛을
따끔하게 나무라는 게야

2009. 제5시집 주머니 속의 행복

외로움의 의미

홀로 있어서 외로움이랴
수많은 행렬과 무리 속에서
자신의 하찮음을 눈치 챌 때
행렬의 복판이나 절정에 서도
그대 벗어나야 행렬이
생기차고 활기 있게 나아감을 느끼는
순간의 우울이 아니겠는가

부품이 녹슬자마자
새 나사로 갈아 끼우면 그만
어느 누가 파편의 피땀을 알랴
삶이 녹슨 나사로 가는 길이듯
나는 너에게 너는 나에게
서로가 부품임을 눈치 챈 순간의 우울이지
독수공방(獨守空房)이 외로움이랴

2009. 제5시집 주머니 속의 행복

낭만에 대하여

가난이 어찌 낭만일 수 있으리
초가지붕 위에 보름달이 뜨던 날
넝쿨 박 한 덩이가 탐스럽게 여물어
부부 손길을 애타게 기다리는 표정이
어찌 낭만일 수 있으리

굶주림의 덤불 속
숲과 별이 창을 여는 언덕 위의 집에서
한 모금 물 마시고
아득하게 넘실대는 갈대밭과 호수
파도와 갈매기의 비상(飛翔)을
지긋이 바라보는 표정이
어찌 낭만일 수 있으리

우리들 팍팍한 일상에서
예고 없이 찾아오는 감미로운 마음씨
목마른 흥부에게 햇살 담은

물 한 모금 건네주고
굶주림이 질척이는 가난에게
향기로운 싹을 건네주는
간절한 마음씨

향기가 불타버린 일상의 늪에서도
간절하고 감미롭게
지천으로 피어 손짓하는
우리들의 애틋한 눈빛이다

2009. 제5시집 주머니 속의 행복

여로旅路

무어 어떠냐.

이 들판을 지나가는 발걸음이 너무 느려

가는지조차 알 수 없지만

숨 가쁘게 뛰어가는 나그네들이

흠뻑 젖어 앞지르면 또 어떠냐

들판 너머 저 주막이

어떤 안락(安樂)인지 알 수 없지만

기어가듯 걸어가며 바라보고 느끼는

나그네 길

그냥 편안하게 걸으면 되지

무어 어떠냐

천천히 걸으며 하늘도 만져보고

풀잎 향기 진하게 마시면서

넉넉하게 지나가면 되는 거지

뛰어 다다르면 밀려오는 짜릿함

그 맛이야 있겠지만 바람처럼 지나친 들판의

빛깔과 향기가 어떤 것인지
알 수 없는 아쉬움과 그리움

무어 별거냐
저 주막에 꽂혀있는 깃발이
어떤 맛인지 아득하여도
천천히 더 천천히
붉게 물든 노을도 안으면서
기어가듯 걸어가면 되는 거지
기어가듯 걸어가도 다다를 테지

2009. 제5시집 주머니 속의 행복

사랑하는 남편에게

당신의 아픔을 이미지로 그릴 수밖에 없는
나를 용서하소서
시트가 깔린 무대에 누워
엷은 미소로 쳐다보지만
타는 아픔, 등줄기를 누르는데
그냥 그 관객으로 바라보는
나를 용서하소서
일상(日常)을 자랑으로 여기던 당신
아내라는 이름이어도 떳떳하지 못한
이 썰렁한 무대 곁에서
방문객이 올 때마다 가벼운 이미지로
당신의 아픔을 대신 연기하는
이 못난 아내를 용서하소서

2009. 제5시집 주머니 속의 행복

인생 굽기

어느새
삶을 뒤적이며 골고루 익힐 나이
타는 열정은 뒤집이 식혀주고
차가운 시선은 뎁혀야겠다
이기(利己)의 가시는 발라내고
폐쇄(閉鎖)의 비늘은 털어내자
포용(包容)의 향으로 간을 맞추어
군침 도는 표정으로 걷고 싶어라

오늘도 가시 돋친 발걸음이 너무 무거워
비릿한 표정을 뒤적이고 싶다
은은한 향기 배이게
모든 가시와 비늘을 털고
골고루 노릇노릇 구워내고 싶다

2009. 제5시집 주머니 속의 행복

망각의 숲에 서서

뒤척이는 기억이 수상하다
우산은 망각의 전령(傳令)이 되어
비 오는 날이 쓸쓸해지는
회식이 끝난 뒤
윗도리를 손에 들고 윗도리를 찾는다
술이 과한 탓일까
상실의 꽃자루는 웃자라고 알 수 없는 것은
기억상실 자체가 아니다

제법 멋진 망각을 꿈꾸며 책을 펴서
그 속에 숨어있는 의미를 꺼내지만
눈이 가는 활자 몇 알
바짝 마른 기억의 가지에 위태롭게 걸려있고
조금 전 의미를 어디에 두었는지 모른다는 점이다
상실의 회색 꽃이 활짝 피는 날
내가 존재하는지도 모를 테지만, 오히려
삶이 아닌 삶은 행복하지 않을까

마침내

망각의 꽃자루가 열매 맺으면

아름다운 인연들

희뿌연 먼지처럼 지워질 테지

회식이 끝나고 오늘따라

비틀대는 내 기억이 수상하다

2009. 제5시집 주머니 속의 행복

유언

무대 위에 이승의 노을을 털고
마침내 연기가 피어오르면, 당신
음악을 틀어요
해바라기 한 송이 꽃병에 꽂아
조촐하게 무대를 장식하고
흥겨운 노래를 틀어요
이별의 축제를 시작해요

어둠이 푹신한 무대에 누워
마지막 축제를 관람하다가
밝은 어둠 속, 나 떠날 테니
밤이 깊을수록 흥겹게흥겹게
점점 신명나는 리듬을 깔아
볼륨을 높여요, 당신

딸아 아들아
어머니를 도와 이렇게 마중하되
반드시 어머니를 부축하고
절대 울지 말아라. 아들아 딸아

2009. 제5시집 주머니 속의 행복

주머니 속의 행복

마침내 행운은 꿈도 꾸지 않으며
구구절절 땀에 전 행복을 바라지만
행운이나 행복보다 불행이 없기를
아니, 적기를

불행도 행복의 조각임을 겨우 알아
그와 함께 옆집 슬픔과도
속삭임을 나누려고
살짝 붙어 천천히 걷습니다

하루는 길고
일 년은 너무 짧아 아쉽지만
하루의 종착역과 일 년의 종착역
아니, 삶의 종착역이
별이 빛나는 밤임을 알기에

소식 없는 친구의 안부를 묻기 위해
번호를 뒤적이다
그도 나와 같은 하늘이라 그만 두고
다만, 하루하루
주머니 속 행복을 꺼내 들고
미소 짓는 그 모습을 그려봅니다

2009. 제5시집 주머니 속의 행복

가을편지

■ 수필집

삶의 바다

자연의 바다

밤에만 일어서는 영웅들

월남 방망이

계층유감(階層有感)

영웅이 없는 미래

■ 제5시집 〈주머니 속의 행복〉 해설

■ 상상력을 통해 본 시인의 꿈

제3시집 〈내 너에게 한 마디만 하자〉 해설

삶의 바다

인간들은 삶의 바다에서 헤엄치며 살아가는 각양각색의 물고기들이다. 그들이 살아가는 바다 또한 각양각색의 모습과 깊이를 지니고 있음은 물론이다.

달과 호수, 소나무 숲과 모래사장, 그 언저리에 다소곳이 앉아있는 정자 위에 사랑의 전설을 듬뿍 담아 한없이 어우러진 경포 바다로부터 개펄과 조수간만의 차이가 기적처럼 신비로운 서해 바다, 산호섬과 수초가 화려하고 아름다운 지중해가 있는가 하면 뜨거운 태양빛이 종일토록 내리쬐어 소금끼에 버무려진 사해(死海)도 있고 빙하와 눈보라로 뒤덮여 매서운 추위가 펼쳐지는 극지(極地) 바다도 있다.

인간들은 이처럼 종잡을 수 없는 삶의 바다 밑을 생명이 다하는 순간까지 끝없이 헤엄치며 삶을 영위하는 여러 가지 빛깔과 크기를 지닌 각양각색의 물고기들이다. 부모로부터 태어나 그들이 데워놓은 난류와 청정해역에서 보호 받으며 성장하는 것도 잠시 뿐, 마침내 깊이와 파고를 알 수 없는 망망대해(茫茫大海) 속을 스스로 헤엄쳐 나가지 않으면 안 된다.

이에 따라 같은 물고기 종류일지라도 그가 헤엄치는 바다와 파도의 깊이에 따라 삶의 방식 또한 달라지게 된다.

동해안 가까이에 떠 있는 바위섬과 깨끗한 수초 밑에서 끈질기게 살아가는 붙박이 고기들인 우럭, 가자미, 놀래미들처럼 고향의 삶이 터전에서 평생 동안 살아가는 농부나 어부들이 있다. 그들은 오로지 자연에 순응하며 논 · 밭이나 바다를 생명의 젖줄 삼아 살아간다.

평생 동안 고향에서 농사를 지으며 자식들을 키우고 교육시킨 난곡동 조씨 할아버지는 진정한 붙박이 고기에 속한다. 평생 동안 땀 흘리며 벼 농사, 감자 농사를 지어 맏이는 미국이라는 이역만리 심해(深海)에서 꿋꿋이 살아가는 의학 박사로, 나머지 자식들은 근해(近海)인 도회에서 열심히 살아가는 아름다운 물고기로 성장시켰다.

새벽 다섯 시에 어김없이 일어나 집 부근에 있는 자신의 농토에서 잡초를 제거하는 것으로 할아버지의 성실한 하루는 시작된다. 아내 역시 텃밭에서 생산된 곡식과 채소들을 한 보따리씩 머리에 이고 시장으로 내다 파는 것이 빼놓을 수 없는 하루의 일과이다.

할아버지는 그렇게 평생을 살면서 허리가 구부러지고 팔십이 갓 넘은 어느 날, 비가 새는 지붕을 고치다가 뜻하지 않게 삶의 바다를 하직하고 말았다.

생애의 마지막 순간까지 신토불이(身土不二) 붙박이로 살다가 그 바다에 떨어져 이승을 떠난 셈이다.

조금도 심해의 거친 파도를 타 넘은 적이 없이 평온한 강릉 바다에서 살다 간 할아버지야말로 이 세상 누구보다도 행복했던 물고기가 아니었을까?

그런가 하면 좀 더 깊은 근해(近海)에서 살아가는 물고기들이 있다. 새우나 멸치 떼처럼 수온과 기류가 그들의 삶에 큰 영향을 끼치게 되는데 회사원이나 대부분의 직장인들이 이들에 해당된다. 그들은 자신보다 덩치가 큰 또 다른 물고기인 직장 상사나 조직 사회 분위기의 지배를 받으면서 이리저리 요령있게 살아가는 어족(魚族)들이다.

대부분은 파도가 잔잔한 쾌청한 날씨 속에서 살아가지만 먹구름과 태풍이 몰아치면 한없이 풍랑(風浪)에 휩쓸리며 이리저리 짠물을 삼켜야 한다. 수없이 떼지어 몰려다니다가도 자기보다 덩치가 큰 물고기를 만나면 안간힘을 쓰며 목숨을 부지하기 위하여 도망가기에 바쁜 것이다. 멸치 떼 고등어에 쫓끼듯, 새우 떼 고래에 쫓기듯, 그들은 덩치 큰 물고기가 일으키는 빈약하기 짝이 없는 물보라에도 생명의 위협을 느끼며 살아간다.

한편, 칙칙하고 어두운 심해(深海)에는 고래와 상어 같은 덩치가 큰 물고기들이 살아간다. 그들은 별로 바다 표면의 풍랑(風浪)과는 무관하게 자의적으로 삶의 바다를 누비며 살아가는 어족(魚族)들이다. 권력가나 재력가들이 이런 종류의 물고기들이다. 그러나 그들 또한 큰 덩치만큼이나 고민을 안고 살아간다. 하루하루 엄청난 끼니를 걱정해야 하고 형체를 알 수 없는 같은 부류의 또 다른 적들이 눈빛을 번뜩이며 그들의 터전을 향해 입맛을 다시고 있을 뿐만 아니라 가장 힘이 약한 새우 떼나 멸치 떼조차 그들의 죽음을 눈이 빠지도록 기다리다가 임종의 순간, 여지없이 달려들어 평생 쫓기며 살았던 서러움을 분풀이라도 하듯 포식(飽食)의 기쁨을 만끽하기 때문이다.

세상은 요지경 바다이다. 그 속에는 돈의 물결을 좇아 이리저리 몰려다니는 고기 떼가 있는가 하면 고래나 상어같은 권력가의 주변에 떠돌면서 그들이 먹다 남은 새우 떼나 멸치 떼를 덮치는 고등어나 넙치같은 무리들도 있다.

그러나 삶의 바다에는 새우 떼나 멸치 떼처럼 자신보다 큰 고기에 시도때도 없이 먹히면서도 생존의 몸부림이 워낙 강해 잡초처럼 무성한 어족들이 대부분을 차지하고 있다. 뿐만 아니라 그들이야말로 생기 넘치는 삶의 바다를 이끄는 원천이다. 왜냐하면 고래나 상어같은 바다의 권력자들도 그들이 없으면 생존자체가 불가능하기 때문이다.

생태학적으로 고래나 상어같은 어족들의 덩치는 워낙 커서 평생 동안 자나깨나 바다를 누비면서 멸치 떼나 새우 떼를 쫓아다니다가 그래도 먹이의 부족을 느끼는 순간, 삶의 바다 최후, 최고의 독재자인 죽음의 그림자가 그들 앞에 다가설 뿐만 아니라 바로 그 순간, 오히려 그에게 평생을 도망가며 살아왔던 새우 떼와 멸치 떼의 잔칫상 먹잇감이 되고야 만다.

인생은 망망대해 속을 이리저리 헤엄치며 살아가는 각양각색의 물고기들이다. 인생은 붙박이 고기처럼 땅과 바다를 삶의 터로 살아가는 농부나 어부들, 새우 떼나 멸치 떼처럼 시대 조류에 민감하게 반응하면서 권력가나 재력가의 눈치를 살피며 살아가는 직장인들, 고등어나 넙치처럼 권력가의 주변을 맴돌며 자신도 권력이나 재력을 꿈꾸며 살아가는 정치인들, 그리고 상어나 고래같은 권력가와 재력가들이 제멋대로 내뿜는 물보라 자욱한 망망대해이다.

그러나 삶의 바다는 그 속에 더불어 살아가는 물고기들 중, 어느 한 쪽이 사라지면 먹이 사슬의 고리가 끊어져 나머지 어족들도 공멸하는 섭리의 바다이다. 그 섭리가 파괴되는 순간, 소금 끼만 잔뜩 남아 황폐하기 짝이 없는 사해(死海)가 된다. 그런 바다는 상어, 고래뿐만이 아니라 일체의 생명이 살아갈 수 없어서 거무틱틱한 죽음의 그림자만 넘실댈 뿐이다.

결국, 삶의 바다는 각양각색의 물고기들이 조화롭게 살아가야 할 거대한 섭리와 숙명의 바다이리라.

1997. 수필집 삶의 바다, 자연의 바다

자연의 바다

난곡동은 너그럽고 조용한 자연의 질서가 아직은 살아 숨 쉬는 도시 근교 마을이다. 강릉 시내에서 주문진 방향으로 칠 번 국도를 따라가다 보면 오죽헌을 조금 지나 도로 우측 저 멀리 소나무 숲이 우거진 산자락에 자리 잡고 있는 마을인데 예로부터 자생란이 서식하는 골짜기라 하여 붙여진 이름이다.

그 난곡동에서 양쪽 옆구리와 등 자락이 소나무 숲으로 둘러 싸여 삼태기 모양으로 생긴 터에 지은 조립식 양철집에 내가 살고 있는데 매일 새벽이 되면 소나무 숲이 나의 잠을 깨워준다. 얇은 양철 벽 사이로 소나무 잎이 바람을 머금어 주변에 뿌리는 소리, 청설모 가족이 소나무 가지 위를 이리저리 뛰어다니는 소리, 다람쥐, 비둘기, 뻐꾸기, 박새, 고라니의 발굽 소리나 꿩의 날개 짓 소리, 심지어 개미, 거미, 이름 모를 수많은 벌레와 풀꽃들이 나보다 한 발 먼저 잠에서 깨어나는 소리에 나도 잠을 깬다.

이들의 재촉에 아침 6시쯤 잠을 깨면, 하늘의 눈인

태양이 발그레한 수줍음을 소나무 가느다란 잎새마다 골고루 뿌려 물결처럼 흐르기 시작할 즈음, 소나무 숲 가족들의 하루도 분주하게 시작되는 것이다.

어슴푸레 밝아오는 뜰에 나서자 제일 먼저 눈에 띄는 것이 거미줄이다. 밤새 내린 이슬이 촘촘히 매달려 있는 모습이 마치 가늘고 긴 안개실로 짜 맞 춘 앙증맞은 손수건 같다. 손수건의 주인은 어딘가에 웅크린 채 미동(微動)도 하지 않고 자신이 힘들여 짠 안개 손수건을 응시하고 있을게다.

자세히 들여다보니 처마 끝에서 보일 듯 말 듯, 한 자락의 외줄 안개가 새어 나와 뜰 앞 장미 줄기에 펼쳐져 있다. 밤새 내린 이슬이 안개 손수건에 송글송글 맺히지 않았다면 거미의 놀라운 수공예품은 눈에 띄지 않았을지 모른다.

붉게 핀 장미꽃과 어울리게 꼼꼼히 진을 치고 어딘가에 숨어 날 파리나 하루살이, 모기 등을 하염없이 기다리는 녀석의 끈기가 놀랍다. 거무틱틱한 몰골과 검은 솜털로 뒤덮힌 다리는 겉보기에 사람들의 미움을 사기에 충분하지만 자신이 짠 안개 손수건에 먹이를 잽싸게 뒤말아 덮어 쌀 때의 섬세하기 짝이 없는 손놀림에는 경탄을 금치 못한다.

난곡동 2통3반에는 비스듬한 언덕 하나를 두고 글쟁이, 조각가, 미술가, 음악가가 살고 있지만 그 중에서도 거미야말로 난곡동 소나무 숲이 자랑하는 터줏대감이자 가장 뛰어난 예술가이다. 뿐만 아니라 한여름 성가시기 짝이 없는 하루살이나 모기, 파리 등을 사냥감으로 택한다는 점에서 그는 소나무 숲과 함께 난곡동의 자연을 지켜온 파수꾼이다.

오른쪽 옆 소나무 밑동에서 청설모 한 마리가 무엇인가 열심히 줍고 있고 그 소나무 가지 위에서 박새 두 마리가 꼬랑지를 끄덕이며 주둥이로는 부지런히 벌레를 쪼아대고 있다. 아카시아 향기와 밤나무 꽃 향기가 번갈아 코를 찌른다.

하늘을 가로질러 새벽까치 한 마리가 나뭇가지를 입에 물고 이제 완전히 잠에서 깨어 차츰 강렬해지는 하늘 눈빛을 날개 위로 주워 담아 어디론가 비상(飛上)하고 있다. 그 자태를 따라가다 보면 저 멀리 허리춤이 구름에 둘러싸인 대관령(大關嶺) 문필봉(文筆峰)이 보이고 그 앞에 크고 작은 수십 개의 봉우리들이 밤새 지킨 해안 마을들을 지긋이 바라보는 모습이 푸르고 싱그럽다.

아마도 오늘 하루 강릉의 날씨는 쾌청하리라.

앞집 할머니가 꼭두새벽부터 우물가에서 캐낸 미나리 다발을 바구니에 담아 마당으로 들어선다. 오늘도 첫 버스를 타고 시장에 갈 참이다. 산 너머에서 경운기 소리가 털털거린다. 전후좌우 소나무 숲으로 둘러싸인 이 거대한 자연의 지붕 밑에서 이제 난곡동 가족들이 모두 잠에서 깨어 하루의 일과를 시작한다.

오늘 하루, 너나 할 것 없이 한 지붕 밑에서 잠을 깨어 각자의 삶의 터전에서 모이를 찾기 위해 땀을 흘리다가 태양이 하루의 일과를 마치고 서서히 눈을 감기 시작하면 난곡동 가족들도 덩달아 손에 쥐고 있던 하루를 미련 없이 내려놓으리라. 땅거미가 밀려와 소나무 가지를 타고 올라 잎 새에 촘촘히 둥지를 틀면 그 지붕 아래 푹신하고 깊은 어둠이 깔리고 또 다른 하늘의 밤눈인 초생달이 솔밭 사이 허공에서 가느다란 실눈을 뜨면 난곡동 가족들은 소나무 숲에 하나 둘씩 부지런히 돌아와 단잠을 청하리라.

아직은 너그럽고 조용한 이 자연의 품에 안겨…….

1997. 수필집 삶의 바다, 자연의 바다

밤에만 일어서는 영웅들

농촌과는 달리 도시는 밤낮으로 꿈틀거린다.

어둠의 멀고도 깊은 늪이 일어서면 농촌의 대부분은 고요한 침묵 속에 빠져들지만 도시는 오히려 어둠을 향해 안간힘을 쓰며 그 늪의 한 구석을 밝혀주는 불빛 아래에서 또 다른 기지개를 켠다.

그리고는 각자가 켜놓은 등불 아래에서 그들만이 누릴 수 있는 밤의 세계를 펼치는 이들이 있다. 말하자면 밤에만 일어서는 영웅들인 셈이다.

환자들과 밤새도록 씨름하는 야간 당번 간호사는 꺼져가는 생명들의 뒤척임을 위해 환자들의 고통을 쓸어 담는 영웅이고 이 밤을 지키는 소방대원과 119 구급대원 들도 밤에만 일어서는 영웅들이다. 대부분이 잠든 텅 빈 사무실에서 어느 순간 있을지도 도시의 화재와 칠흑(漆黑)같은 도시의 이상한 조짐을 사전에 냄새맡기 위해 촉각을 곤두세운다.

이밖에도 어둠이 오히려 삶의 터전이되 이타적(利他的)인 삶을 살아가는 사람들이 많다.

새벽 네 시쯤 거리에 나가보라. 어두침침한 가로등 밑에서 불빛보다 더욱 선명한 X자 모양의 마크가 새겨진 야광복을 입고 한낮에 떨구고 간 도시의 쓰린 삶의 흔적들을 깔끔하게 쓸어 담는 환경 미화원 아저씨들의 웅크린 모습들을 만날 수가 있다. 만물이 곤한 잠에 자신들을 맡기고 있는 시각, 지저분하기 짝이 없는 거리나 골목의 쓰레기 더미를 주워 담기 위해 짙은 어둠의 늪을 뒤적이는 사람들, 남이야 알아주든 말든 자신이 맡은 거리의 통로들을 반짝반짝 닦아내는 영웅들이다.

한낮의 도시 사람들이 떨어뜨린 아프고 찌들고 병든 흔적들을 묵묵히 쓸어 담고 지워주는 밤에만 일어서는 영웅들, 이 세상에 이런 영웅들이 많으면 많을수록 우리들의 하루는 윤기 있게 빛나므로 마침내 그들이야말로 한낮의 활기찬 삶을 떠받치면서 이웃들의 행복을 위해 밤마다 일어서는 우리들의 영웅들이다.

1997. 수필집 삶의 바다, 자연의 바다

월남 방망이

초등학교(당시는 초등학교) 4학년 여름이었다. 학교에서 돌아오자 어머니께서 나를 불렀다. 시장에 다녀오는 동안 집을 잘 보고 있으면 월남 방망이를 사 주신단다. 월남 방망이란 나무젓가락에 설탕을 둥글게 묻혀 딱딱하게 만든, 당시로써는 대단히 인기였던 사탕 과자이다. 얼마나 크고 딱딱한 지 빨아먹을 수밖에 없는데다가 워낙 커서 오래 빨 수 있다고 하여 붙여진 이름이다.

왜 하필 월남 방망이인고 하니 내가 초등학교에 다니던 육십 년대는 월남(오늘날 베트남) 전쟁이 한창이었던 시기였다. 그 전쟁에 맹호부대, 청룡부대, 비둘기부대 등 우리나라 젊은 군인들도 참전하여 싸우고 있었는데 그 머나먼 월남까지도 사탕을 빨며 갈 수 있을 만큼 오래 먹을 수 있다고 하여 붙여진 이름이다. 어찌하였든 사탕을 사준다는 말에 솔깃해진 나는 어머니가 시장으로 떠나신 후 집을 잘 지키리라 결심에 결심을 거듭하고 동네 친구들이 우럭바위 냇가에 헤엄치러

가자는 유혹도 뿌리치고 집을 보고 있었다.

저녁때가 되었다. 어머니께서 돌아올 시간이 다가오자 내 입속에는 월남 방망이 생각으로 군침이 돌았다. 그러다가 이왕지사(已往之事) 집을 지키는 이상 어머니 마음에 쏙 들어야겠다는 기특한 생각을 하고 내친김에 마당을 깨끗이 쓸었다. 시골집이지만 평소에 어머니께서는 아침, 저녁으로 마당을 쓸곤 하셨다. 마당을 쓸고 난 뒤 또 무어 할 일이 없을까 궁리하다가 문득 집에서 기르는 레그호온 닭 생각이 났다. 시골에 살면서도 지저분하다고 동물이라곤 키워본 적이 없던 우리 집이었지만 어느 날 아버님이 사오셔서 기르고 있었다. "구구구구" 부르면 텃밭 어느 구석에선가 달려오는 암수 두 쌍이었다.

닭들에게 모이를 주기로 생각한 나는 부엌에 들어가 이리저리 모이를 찾는데 부뚜막에 놓여있는 큰 바가지에 술 짜개가 수북이 쌓여있는 것을 발견하였다. 당시에는 술도 대부분 집에서 담그던 시절이었는데, 누룩에다가 꼬들꼬들 말린 꼬드밥을 섞어 술 단지에 넣어 숙성시킨 뒤 걸러내면 막걸리가 되는데 그 걸러낸 찌꺼기를 술짜개라고 한다. 그것조차 버리지 않고 당원을 타 가족들이 먹거나 가축 먹이로 사용하던 어려운 시절이었다.

술 짜개 바가지를 통째 밖으로 들고 나온 나는 "구구구구" 어머니께서 하시던 대로 닭들을 불러들였다. 닭들이 모두 모이자 술 짜개를 뿌려주기 시작하였다. 어머니의 칭찬과 함께 달콤한 월남 방망이를 떠올리면서…….

한 바가지의 술 짜개를 정신없이 먹고 난 닭들이 십 분 가량 지났을까? 이게 웬일, 닭들이 하나 둘 픽픽 쓰러지는 게 아닌가? 깜짝 놀란 내가 툭툭 건드려 보았으나 기척이 없었다. 네 마리 모두 죽어버린 것이다. 나는 사색이 되어 당황하기 시작하였다. 어머니께 잘 보이고 싶어 한 행동이 오히려 탈을 부른 것이다.

이제는 어머니가 시장에서 돌아오시는 것이 걱정이 되기 시작하였다. 월남 방망이는 아예 생각조차 나지 않았다. 그보다 우선, 죽은 닭을 치워버려야 한다는 생각에 네 마리의 닭을 새끼줄로 대강 묶어 헛간에 감추어 버렸다.

마침내 어머니가 돌아오시고 깨끗하게 쓸어놓은 마당을 둘러보시더니 빙긋 웃으시며 큼지막한 월남 방망이를 내 손에 내밀었다. 그러나 나에게는 사탕이 문제가 아니었다. 죽은 닭이 눈앞에 어른거리고 곧이어 어머니의 호통소리가 들려올 뿐.

아니나 다를까 닭 모이를 주기 위하여 어머니께서는 닭을 불러 모으기 시작하셨다. "구구구구" 부르는 소리가 나에게는 저승사자가 나를 부르는 소리로 들릴 뿐이었다. 한참을 불러도 닭들이 한 마리도 나타나지 않자 이상하게 여기신 어머니께서 나를 바라보시며 "둘째야 닭들 못 보았니?" 나는 얼떨결에 고개를 가로 흔들었지만 벌겋게 상기된 두 눈에는 이미 눈물방울이 뚝뚝 떨어지기 시작하였다.

눈치를 챈 어머니께서 다시 나를 다그치자 울음을 터트린 채 "죽었어,죽었단 말이야". 소리치면서 땅바닥에 주저앉고 말았다. 깜짝 놀란 어머니께서 자초지종(自初至終)을 재차 물으셨다. 그리고는 헛간에서 새끼줄에 줄줄이 엮인 닭들을 꺼내오셨다. 이리저리 닭의 상태를 살피시던 어머니께서 " 이놈아, 빨리 대야에 물 떠와". 벼락같이 호통을 치셨다. 부리나케 물을 떠오자 닭 주둥이를 벌리더니 물을 떠 넣는 게 아닌가? 그리고는 마당 구석에 그대로 놓아두었다. 야단을 맞으면서 지옥 같은 십분 가량이 지났을까?

"꾸꾸꾸꾸"하며 닭들이 비틀비틀 일어서고 있었다. 그 동안 닭들이 술 짜개를 먹고 취해 있었는데 아무것도 모르는 나는 닭들이 죽은 것으로 착각을 했던 것이다. 그러나 어린 나는 그때까지도 죽었던 닭들이 되살아난 이유를 도무지 알 수가 없었다. 어머니의 위대함으로 해석할 밖에. 아울러 지금까지 무섭기만 했던 어머니가 그때만큼 존경스러운 적이 없었다. 죽은 닭도 되살리는 위대한 어머니라고…….

그날 밤 내가 입 속에 넣었던 사탕과자는 눈물 젖은 월남 방망이었지만 그 눈물을 통해 어머니의 위대함도 함께 맛볼 수가 있었다. 지금도 나는 닭을 보면 월남 방망이와 함께 어머니가 생각난다.

1997. 수필집 삶의 바다, 자연의 바다

계층유감階層有感

나는 과연 몇 퍼센트의 확률로 이 세상에 태어났을까? 지구상의 현재 인구가 약 60억이라 치면, 우선, 60억분의 일로 태어났다. 게다가 피부 색깔로 따지면, 백인종이나 흑인종이 아닌 황인종으로, 거기에 지역적으로 유럽이나, 아프리카, 아메리카, 오세아니아가 아닌, 아시아, 그 중에서도 중국이나 인도가 아닌, 대한민국에서 그것도 서울이나 부산이 아닌 강릉에서 태어난 확률로 따지면 그야말로 소름이 끼칠 정도로 낙타가 바늘구멍을 통과하는 비장(悲壯)한 확률로 이 땅에 태어났다. 그렇다. 우리 인간들은 모두 이처럼 천문학적 확률로 제각각의 고향에 태어났다. 그러므로 우리들은 그 무엇과도 바꿀 수 없는 소중한 존재들이며 모두들 상류 계층이다. 어느 한 사람도 하류 계층은 없다.

봉건 사회는 동 · 서양을 막론하고 수직 계급 사회였다. 대부분 농경 사회였으므로 농토를 많이 가진 자가 소위, 상류 계층이었고 그렇지 못한 대다수의 사람들이 하류 계층이었다. 단순 농경 사회였으므로 이분법의 논리로 계층을 구분하여도 별로 오류가 없었으리라.

그러나 현대 사회는 봉건 사회가 아닐 뿐만 아니라 자유와 평등과 인권이 존재하는 민주 사회이다. 뿐만 아니라 농경 사회였던 과거와는 달리 수를 헤아릴 수 없을 정도로 직업 분야가 많고 그 중에서도 지적, 정신적 직업이 삶의 대부분을 지배하고 거기에 종사하는 사람들이 톱니바퀴처럼 맞물려 공존하는 다중사회(多衆社會)이다. 이처럼 복잡다단(複雜多端)한 현대 사회를 상류 계층–하류 계층이라는 이분법의 논리로 나누거나 그 중간에 중류층 혹은 중산층을 삽입하여 삼분법의 논리로 사회 구성원을 구분하는 것은 어불성설(語不成說)이요 위험천만한 발상이다. 게다가 이분법 내지 삼분법은 단순 자본 논리 즉, 돈 많은 사람은 상류 계층, 그렇지 못한 사람은 하류 계층이란 식이다. 그 중간 계층을 중산층(中産層)으로 구분하는 말 뜻 자체에서 그러한 인상을 강하게 받게 된다. 자본주의 시회이므로 당연하다고 강변할 수 있을지도 모른다. 그러나 무수한 직업군과 자유와 평등과 인권이 살아 숨 쉬는 현대 다중 사회에서 계층적 구분 자체가 무의미 한 것에 지나지 않지만 구태여 따진다 해도 이분법, 삼분법이 아니라 다중 사회의 다양한 속성에 맞게 재 구분 되어야 한다.

예를 들어, 자본 엘리트층, 정치 엘리트층, 교육·문화·예술·학술·과학, 심지어 봉사·교양·인격·효도 분야 엘리트 층 등, 여러 가지 기준으로 세분화해야 마땅하다.

높은 삶의 질이나 진정한 의미의 행복이 자본만으로 실현 가능하다면 이 세상 모든 사람들은 태어나자마자 모두 장사꾼으로 나서야 옳지 않을까?

낙타가 바늘구멍을 통과하는 확률로 찬란한 이 땅에 태어난 사람들은 당연히 그 누구라도 엘리트이다. 어디에서, 어느 분야에서 종사하든 빈, 부의 차이를 떠나 땀 흘려 일하면서 최선을 다하는 지고지순(至高至純)한 엘리트인 셈이다.

1997. 수필집 삶의 바다, 자연의 바다

영웅이 없는 미래

인류사(人類史)에는 동서고금(東西古今)을 막론하고 수많은 영웅(英雄)들이 있다. 부처 · 예수 · 공자 · 세종대왕 · 이순신 · 링컨 · 간디 · 에디슨 등 보다 나은 인간 삶의 질이나 인권을 위해 또는 평화로운 삶을 살아가는 다수의 행복을 위해 평생을 바친 이타적(利他的) 영웅들이 있는가 하면 시저 · 나폴레옹 · 징기스칸 · 히틀러 · 무솔리니 · 히로히토처럼 자신들만의 민족이나 자신만의 권력 혹은 현시적(顯示的) 명예를 위해 타민족이나 인류 전체를 공포의 도가니로 몰아넣었던 이기적(利己的) 영웅들도 있다.

조조를 일컬어 난세(亂世)의 간웅(奸雄)이라 하였던가? 그렇다. 사회가 혼란스러울 때 유난히도 영웅들은 양산(量産)된다. 이들을 굳이 역사적으로 분류해 볼 때 유독 전쟁 영웅들이 많다는 것은 반드시 음미(吟味)해볼 필요가 있다. 이들 전쟁 영웅들의 공통점은 명예 · 군림 · 현시욕 등을 병적이리만치 자신의 궁극적 인생 목표로 삼게 되는데 그것을 이루는 과정에서 자신만이 목표를 달성할 수 있으며 자신이 최고라는 극도의 이기주의나 우월주의에 병들게 된다. 그리하여 대다수의 사람들을 자신의 목표 달성 도구로 이용하게 되는 것이다. 이들은 일차적 명예 · 군림 · 현시욕(顯示慾)을 달성한 후, 이번에는 그것을 지키기 위해 마침내 애국심이라는 상징적 기호를 남용하거나 앞장세우고 티국이니 다민족을 침달하여 영토 확상을 꾀하거나 평화롭게 살아가는 이웃사람들을 노예로 삼으려 살육조차 서슴지 않는 끔찍한 죄악을 저지른다. 이 과정에서 자신의 국민이나 민족도 희생되게 마련이지만 이런 죽음에 대하여 이들은 소위 애국자라는 사탕발림으로 사람들을 현혹시키거나 정당화함은 물론이다. 뿐만 아니라 이런 과정에서 그들은 살인마저 즐기는 또 하나의 중병(重病)에 걸리게 된다. 살육의 사이코패스가 되는 것이다.

애당초 그들은 이 세상에 태어나지 말았어야 했다. 그들은 결국 괴기(怪奇)스러운 정신병자들이기 때문이다. 20C에 들어 히틀러 · 무솔리니 · 히로히토 등 살인의 중증(重症) 정신병자들이 벌인 살육의 파티였던 제2차 세계대전의 상처는 아직도 세계 도처에 역력하지 않은가?

인류의 미래사(未來史)에는 영웅들이 태어나지 않기를 바란다. 게다가 전쟁영웅들은 더더욱 그러하다. 이런 전쟁영웅들이 태어나지 않는 유일한 길은 난세(亂世)가 도래하지 않는 것이다. 그래도 영웅이 필요하다면 이타적(利他的)영웅이거나 명예 · 군림 · 현시욕(顯示慾) 등을 자신의 인생 목표로 삼지 않는 소영웅들이면 좋겠다. 사회 · 경제 · 문화 · 예술 · 평화 · 봉사 그리고 선정(善政)분야 영웅이길 바란다. 인류(人類) 다수에게 피눈물을 뿌리는 전쟁광들은 이유여하를 막론하고 인간정신의 소멸이라는 치명적인 전염병을 퍼뜨리는 법정 정신병자들이므로 히틀러 · 무솔리니 · 히로히토 등이 인류시대 마지막 법정 정신병자이기를 바라고 바랄 뿐이다.

1997. 수필집 삶의 바다, 자연의 바다

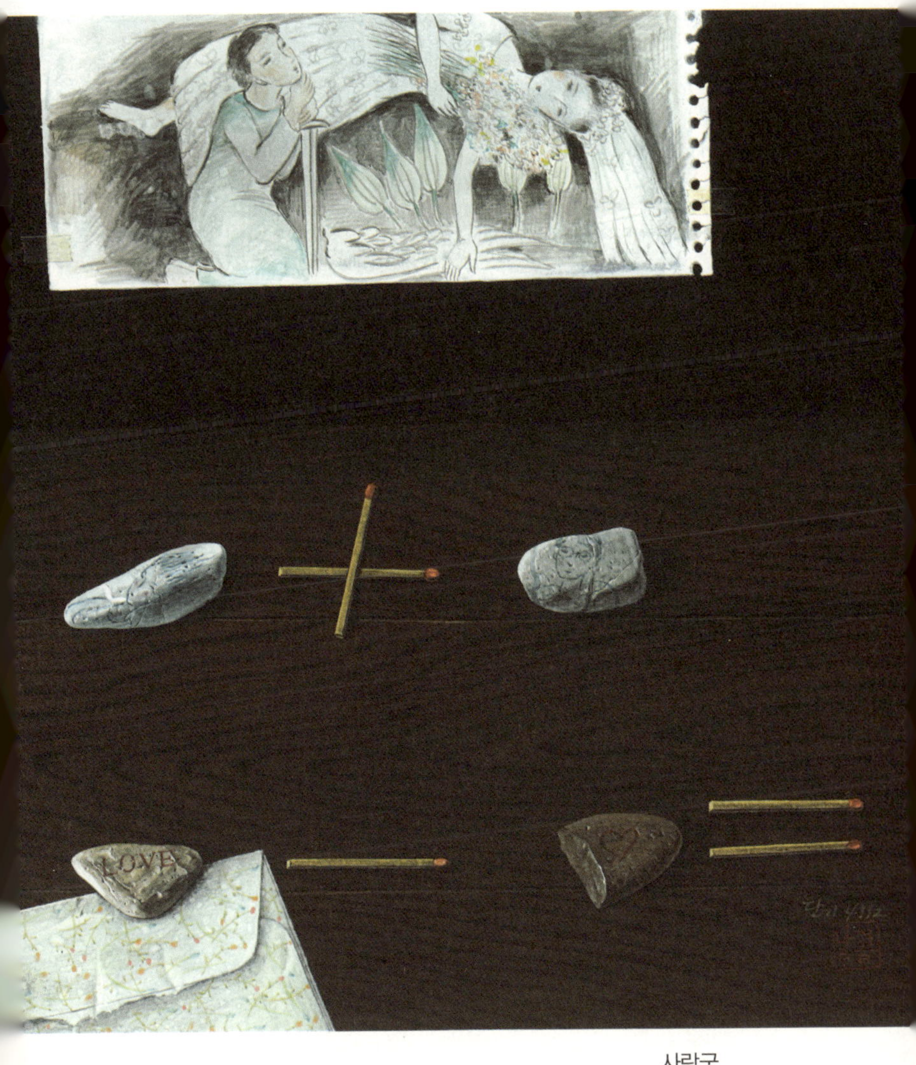

사랑굿

제5시집 〈주머니 속의 행복〉 해설

고뇌의 무늬로 새겨진 사랑의 길

이승욱(시인/ 순천향대학교 교수)

1

먼지 털기

일상(日常)을 올려놓고 닦는다
윤이 반짝이도록
남은 날을 위하여 눈부시도록
어제 쌓인 먼지는 털어내고
소중한 오늘이 피었다 지는
한 송이 꽃인 줄 마침내 알아
일상을 돌리며 구석구석 닦는다

아끼는 화병(花甁)을 닦듯이 자신의 일상을 닦는 일, 그런 정경을 떠올리면 참 포근하고 따사로운 이미지가 머릿속에 펼쳐진다. '일상'이란 말은 이번 시집에서 자주 나타나는 김일남 시의 키워드 가운데 하나이다. 그리고 거의 시인의 사변적 일상적 삶의 기록이라는 점이 이번 시집의 특징이라 불러도 무난할 듯하다. 그리고 시 〈먼지 털기〉는 그런 그의 일상시의 표제작으로 삼아도 좋을 것 같다. 불필요한 시의 먼지를 거의 남김없이 털어낸 것처럼 이 시는 간결하고 정선된 구문과 맑은 울림을 지니고 있기 때문이다. 뿐만 아니라 이 시는 시인의 일상시가 지향하게 될, 또는 지향했으면 좋을 바람직한 길을 모범적으로 보여주는 선례가 된다는 점에서도 그렇다. 우리는 이 시에서 오랜 고뇌와 갈등의 삶에서 정화된 티 없는 맑은 영혼의 소리를 들을 수 있다. "소중한 오늘이/ 피었다 지는 한 송이 꽃인 줄/ 마침내 알게" 된 이 자각의 순간이 일시적 현상이 아니라, 절실한 체득의 순간으로서 시인의 마음속에 흔들림 없이 자리 잡는다면, 그것은 이 시인의 차후의 시와 삶의 새로운 원형질 같은 것이 될 수 있을 것으로 여겨진다.

위의 〈먼지 털기〉 같은 시들이 시인의 일상시의 본류가 되었으면 좋겠다. 그러나 이번 시집의 대부분의 시들은 명도(明度)는 다르지만 '아픔', '슬픔', '외로움'이라는 말들로 표의될 수 있는 어둡고 흐린 정서의 그늘로 덮여있다. 마흔을 훌쩍 넘어서는 시인의 인생행

로에 덮이는 이 그늘들에는 자주 쓸쓸하고 애달프고 안타까운 무늬가 어른거린다. 불교의 선적인 경계에서 말한다면, 마음의 '먼지'를 다 털어버리지 못한 인생사에 대한 집착이나 미련이 아직도 시인의 내면을 추동하기 때문이리라. 그러나 그런 선계의 경지에 쉬이 편입되지 못함이 대부분 우리 인간들의 한계이며 진실이라 할 수 있을 것이다. 다시 말해 시의 진실이나 가치는 오히려 그런 세속 사회의 부정적 현실을 정직하게 반영하거나 변주한다는 점에 있는 것이다. 그런 점에서는 김일남 시인의 시도 예외는 아니다. 다만 시인의 말대로 '마흔을 훌쩍 넘어선' 연륜에서 느껴지는 삶의 새로운 의미를 필자는 탐색해 보고 싶은 것이다. 과연 마흔을 넘어선 초로의 인생은 그에게 무엇을 가르쳐 주었을까?

2

시인의 이번 시집은 2부로 구성되어 있다. 그리고 앞서 말한 시의 일상성은 1·2 부를 막론하고 공통된 특징으로 나타난다. 그러면 앞서 제기한 질문과 더불어, 그 일상성의 내면을 좀 더 구체적으로 들여다보기로 하자. 우선 1부 〈주머니 속의 행복〉에 포함된 시들 가운데서 필자는 다음과 같은 작품들을 가려내 보았다. 〈먼지 털기〉, 〈무미無味〉, 〈밥〉, 〈여로〉, 〈손에 손잡고〉, 〈착시〉, 〈회초리〉, 〈외로움〉, 〈주머니 속의 행복〉이 그것들이다. 시인 특유의 일상성을 잘 드러내 주는 동시에 다른 작품들에 비해서 시의 완성도가 상대적으로 높다고 여겨진다는 점이 이 작품들을 선정하게 된 기준이다. 시 〈무미無味〉는 짜릿하게 "톡 쏘는 재미" 보다는 "퇴근길에 친구와 한 잔 술을 마셨던/ 무미의 하루가/ 정말 푹신하고 행복했던 거다"라고 술회하고 있다. 행복이 뭔가를 제대로 감지하지도 못하고 지나간 "무미의" 일상이 오히려 행복이었음을 말하고 있는 것이다. 시 〈여로〉는 쾌속의 시대에 자족적 느림의 미학을 변주하고 있는 작품이다. 첫 연에서 "무어 어떠냐./ (중략) / 기어가듯 걸어가서 바라보고 느끼는/ 여로의 이 들판/ 그냥 편안하게 걸으면 되지"로 시작해서 마지막 연은 이렇게 끝난다.

무어 별거냐
들판 너머 저 주막에 꽂혀있는 깃발이
아직 아득하여도 천천히 더 천천히
이름 모를 풀꽃 하나 만져보고

붉게 물든 노을도 안으면서
기어가듯 걸어가면 되는 거지
기어가듯 걸어가도 다다를 테지

인생을 여행길("여로")이나 항해에 비유하는 경우는 허다하다. 그 인생의 목적지는 사람마다 다를 것이다. 물론 출발점도 당연히 다를 것이다. 그런데도 우리는 대개 허덕이며 남의 뒤를 따라가기가 십상이다. 더구나 '무한경쟁'과 더불어 '빠름'은 이 시대의 표제어가 되는 말이다. 그렇지만 시인은 그 '빠름'이 "무어 별거냐"고 그것과 거리를 두고자 한다. 밀란 쿤데라는 그의 소설 〈느림〉에서 '실존의 수학'이라는 말을 썼다. 우리가 길을 걸으며 불안하고 위협적인 생각에 쫓길 때는 자신도 모르게 걸음이 빨라지고, 아름다운 추억을 반추할 때와 같이 마음이 안정되어 있을 때는 걸음이 느려진다는 사실을 예로 들어 그는 이 용어를 썼다. 여기서 문제는 행복한 '실존'이다. 그에게 행복은 속도에 비례하는 것이 아니라 반비례하는 것이다. 그의 이 소설에서 잘 알려진 다음 구절은 우리를 지나간 낭만의 시절로, 아련한 순수 서정의 세계로 이끈다.

어찌하여 느림의 즐거움은 사라져버렸는가? 아, 어디에 있는가, 옛날의 그 한량들은? 민요들 속의 그 게으른 주인공들, 이 방앗간 저 방앗간을 어슬렁거리며 총총한 별 아래 잠자던 그 방랑객들은? 시골길, 초원, 숲 속의 빈터, 자연과 더불어 사라져버렸는가? 한 체코 격언은 그들의 그 고요한 한가로움을 하나의 은유로써 이렇게 정의하고 있다. 그들은 신의 창(窓)들을 관조하고 있다고. 신의 창들을 관조하는 자는 따분하지 않다, 그는 행복하다. 우리 세계에서, 이 한가로움은 빈둥거림으로 변질되었는데, 이는 성격이 전혀 다른 것이다. 빈둥거리는 자는 낙심한 자요, 따분해하며, 자기에게 결여된 움직임을 끊임없이 찾고 있는 사람이다.

(느림, 김병욱 옮김, 민음사, 2001, 7-8쪽)

"한량"은 시효가 끝난 지 오래인 낭만적 수사로, "게으른" 자는 시대의 낙오자나 경쟁력이 상실된 자로 치부되기 쉬운 시대에 우리는 살고 있다. 그러나 밤하늘의 별들, "신의 창들을 관조"할 여유도 없는 "빠름"은 또 얼마나 위험한 일인가! 따라서 과속의 위험만큼이나 이 시대는 느림이 불가피한 덕목일 수밖에 없는 절박한 사정에 처해있다. 시인의 시 〈여로〉도 분명 그런 말을 하고 있다. 예술이나 문학이 병든 인간의 심리를 치료할 수 있는 훌륭한 선약이 될 수 있다는 점에서는 더욱 그 느림의 의미가 강조될 필요가 있다. 빠른 속도만큼이나 우리에게는 간과하거나 잃어버리는 것들이 너무 많은 것이다.

나이가 들수록 세상으로부터의 이반과 불화가 커져갔음을 시 〈착시〉는 좀 더 분명한 예로써 시사하고 있다. 바다에서 떠오르는 아침 해를 보고 "밤새 팅팅 불어 푸석푸석해진 거라고" 안타까운 연민의 상상력을 키웠으며, 그 해에게서 "세상을 향한 조건 없는 사랑"을 믿었던 소년은 "먹물이 들어", 즉 성장해서 배운 합리적 지식을 통해 자신의 유년의 그 환상이 "착시"에서 비롯되었다는 사실을 알게 되자 "절망한 나머지 아침 해를 외면하게 되었다"고 한다. 여기서 시인은 비록 착시일 지라도, 자신의 환상이 살아있는 유년, 그 착시의 시절을 사랑하고 있음을 알 수 있다. 또한 그만큼 그는 성인세계에서 경험하게 되는 야박한, 타산적 현실과 그것이 주는 "공포"를 애써 외면하고 눈을 감으려했다. 이와 같은 외면은 수많은 작가들의 예가 그렇듯이, 수긍할 수 없는 위협적인 현실에 대한 대응의 한 방식일 것이다.

"이제 현상 뒤에 숨어있는 무서운 진실을
보고 싶지 않아
서서히 비겁자와 속물로 변해갔지만
눈으로 보는 활자(活字)와 그 속에 들어있는
세상에 눈을 감는 버릇이 생긴 것도 그 무렵이다."

이 시에서 시인은 또한 지식의 "먹물이 들수록" 세상의 이면에 가려진 신실을 더 똑바로 볼 수 있게 되었지만, 그때는 "이미 세상은 나에게/ 표정없는 얼굴이 되었다." 라고 말한다. 여기서 '표정없다'는 세상의 무의미를 일컫는 말이다. 말하자면 세상의 속을 알고부터 그것은 시인에게 아무런 매력도 없는 공허한 대상으로 바뀌어 버린 것이다. 현실에 대한 시인의 이러한 인식은 앞서 거론했던 바, 그가 '느림'을 시적 이상으로 삼고 있는 연유에 대한 자연스런 해명이 될 수도 있다. 아귀다툼의 생존경쟁, 즉 속도감에 취한 비인간화된 세계의 무모한 진행에 대해 그는 '느림'이라는 시적 이상을 통해 점잖게 제동을 걸고 있는 것이다. 소박하고 느린 삶이 주는 일상의 행복과 함께 시인은 시 〈회초리〉에서 "배울수록 모래성을" 쌓게 되는 지식보다는 "따스한 심장"의 소중함을 강조한다. "배움에 목숨 걸지만/ 그럴수록 따스한 심장을 저버리는/ 너의 눈빛"에 그는 따끔한 "회초리"를 들고 있는 것이다. 아무튼 이런 식으로 시인은 시대현실과 그 잔인한 진행에 생각 없이 편승하는 사람들을 질책한다. 그러면서 시 〈주머니 속의 행복〉에서는 "다만, 하루하루/ 주머니 속 행복을 꺼내 들고/ 미소 짓는 모습을" 그려보는 소박한 일상에서 삶의 의미를 찾는다. 이와 같이 소시민적 일상에서 행복을 찾는 일은 나이 마흔을 넘어서는 상처 입은 자아가 궁극적으로 도달하게 되는 슬프지만 불가피한 선택인 것처럼 여겨진다. 같은 맥락에서 시인은 시 〈손에 손잡고〉에서 인간과 더불어 삼라만상이 손에 손을 잡고 함께 소통하는 화합의 힘을 역설한다. 떨쳐버리기 힘든 시인의 고통이나 외로움, 아픔도 사실은 무리에서 떨어진 고립된 자아의 슬픈 외현인 것이다. 그리고 그것이 특정 개인의 문제만이 아님은 말할 필요가 없다. 시 〈밥〉은 특히 자전적인 성격이 짙다. 이 시의 마지막 연의 "사랑과 미움조차 밥에 파묻혀/ 해가 뜨고 달이 떠도 실루엣처럼/ 오늘도 무덤덤 마주 보는데"에서는 "밥에 파묻혀" 생각 없이 흘러가버린 지난 삶에 대한 서글픈 심사가 절실하게 아로새겨져 있다. 아마도 이 시에서 아내일 듯한 사람을 화자는 부부간의 사랑이 무엇인지도 의식할 수 없이 그냥 "오늘도 무덤덤" 마주 볼 뿐이다. 밥을 먹고 사는 일이, 즉 '인생살이가 얼마나 가혹한 시련인가!'를 이 시는 소리 없이 증언하고 있다.

위의 작품들 외에도 1부의 시들에는 부정적 현실에 대한 시인의 의식이 다양한 형태로 드러나 있다. 〈여의도에서〉, 〈사루비아의 무언〉 같이 정치현실에 대한 불편한 심기기 노출된 시, 〈장미꽃〉, 〈뒤척이는 밤〉처럼 인간 편의적인 욕망에 따라 왜곡되는 사물과 현상들에 대한 개탄이 두드러지는 시, 〈매미〉, 〈싸움〉, 〈락樂)〉, 〈바람을 맞으며〉 같이 자연의 이법과 순리가 인간에게 깨우쳐주는 교훈이 강조되는 시, 〈외로움에게〉, 〈독도의 눈물〉, 〈대청소〉 같이 고독하고 비감어린 시인의 심사가 강하게 투영된 시가 그것들이다. 이 시들도 소외된 시적 자아의 상황과 함께 미망에 사로잡힌 인간세계에 대한 계몽적 메시지가 거의 변함없이 시사되거나 환기된다는 점에서 앞의 시들과 맥락을 같이한다.

1부와 똑같은 근거로 2부 〈마흔도 훌쩍 넘어〉의 시들 가운데 필자는 다음과 같은 작품들을 우선 주목하게 되었다. 〈마흔도 훌쩍 넘어〉, 〈망각의 숲에 서서〉,

〈인생 굽기〉, 〈거미줄〉, 〈불혹〉, 〈술〉, 〈사랑하는 남편에게〉가 그것들이다. 김일남 시인의 현재 나이는 불혹의 마흔을 훌쩍 넘었을 뿐만 아니라, 지천명의 쉰을 넘은지도 꽤나 되었다. 그러나 이번 시집에서 굳이 '마흔'이라는 세수(世壽)가 시인에 의해 강조되는 것은 마흔이 인생사의 분기점 같은 것이 되기 때문일 것이다. 누구의 일생에나 이른바 불혹이라는 초로의 시점에 접어들어 지나간 삶에 대한 회오의 감정과 살아갈 미래에 대한 불안과 결의가 교차된다는 것은 쉽게 짐작할 수 있는 일이다. 2부의 시들은 거의 모두가 '마흔 너머의 인생이 무엇인가?'라는 인생론적인 성찰의 기록들이라는 점에서 일관된다. 그러면 앞서 선별한 시들 가운데 6편에서 그것들을 정리해보자.

1) 〈마흔도 훌쩍 넘어〉: 이 나이는 과거에 신선의 것으로 비유되던 흰 머리카락이 자랑거리가 아닌 때이다. 나이에 저항하면서 염색(:"페인트칠")을 해야 하고, "독수리 타법에다 손가락이 부들부들" 떨면서도 컴퓨터를 익히려고 바둥거려야 하는 때이다.

2) 〈망각의 숲에 서서〉: 이 나이는 젊은 시절 좋았던 기억력이 쇠퇴하는 때다. 시의 표현을 빌리자면 혼

미해진 "기억이 수상"할 때이다. 그런데 이러한 기억의 쇠퇴와 더불어 심각해져만 가는 건망증을 시인은 다음과 같이 시의 2, 3 연에서 역설적으로 미화한다.

제법 멋진 망각을 꿈꾸며 책을 펴서
그 속에 숨어있는 의미를 꺼내지만
알 수 없는 것은 눈이 가는 활자 몇 알
바짝 마른 기억의 가지에 위태롭게 걸려있고
조금 전 의미들을 어디에 두었는지 모른다는 점이다
상실의 회색 꽃이 활짝 피는 날
내가 존재하는 지도 모를 테지만 오히려
삶이 아닌 삶은 행복하지 않을까

마침내
망각의 꽃자루가 열매 맺으면 아름다운 인연들
희뿌연 먼지처럼 지워질 테지
버거웠던 일상도 가벼울 테지
술이 파하고 오늘따라
비틀대는 내 기억이 수상하다

어쩌면 망각을 예찬하는 듯한 이 시의 어조에는 비

감이 서려 있다. "상실의 회색 꽃이 활짝 피는 날", "망각의 꽃자루가 열매" 맺는 날은 슬프지만 망각이 완성되는 날이다. 그날은 곧 "아름다운 인연들"도 "버거웠던 일상도"다 잊혀져 가벼워지는 날이다. 그런데 이 시에서 강하게 노출되는 시적 자아의 망실 욕구에는 지워지지 않는 아픈 현실에 대한 반추가 은연중에 들어있어 읽는 이로 하여금 가슴 아프게 한다. 노년에 이르러 자연스레 찾아오는 기억상실의 증상보다도 시인의 어조에 배어있는 이러한 비감한 심사가 더욱 이 시를 주목하게 한다. 이 시에서 망실의 욕구는 그만큼 살아온 지난 삶의 고통을 반증하기 때문이다.

3) 〈인생 굽기〉: 이 나이는 석쇠에 생선을 굽듯 "삶을 뒤적이며 골고루 익힐 나이"이다. "열정", "이기(利己)의 가시", "폐쇄의 비늘" 같은 젊음이 소유했던 것들을 버리고 "포용의 향으로 간을" 맞출 때이다.

4) 〈거미줄〉: 이 나이는 지나간 시절의 일들이 "정녕 꿈이었구나" 여겨지는 때이다. 그 영광과 오욕의 지난 시절들은 "낡은 실타래", "부러진 파편", "일상의 먼지들" 같이 남루하고 초라하게 추억되는 것들이다.

5) 〈불혹〉: 이 나이는 "본능의 거리에서 빠져나와/ 단출하게 산모퉁이 돌아갈 나이", "가물가물 추억들

색실로 뽑아…… 번데기로 탈태할 나이", 지나간 삶의 주름살마다…… 수만 가지 빛깔의 흔적들이/ 마침내 물감으로 번지고 번져 한 폭의 그림으로 걸어 둘 나이"이다.

6) 〈술〉: 이 나이는 술에 취해 감동 없이 비틀거리고, 재미없는 드라마가 "속절없음을 알면서도/ 도리없이 심심해 빠져들 나이", 되풀이되는 일상 속에 "대책 없이 초저녁에 잠들지만/ 새벽이면 어김없이 깨어날 나이"이다.

이상의 사실들을 종합해 볼 때, "마흔을 훌쩍 넘어선" 이 나이에 시인은 슬프지만 모나지 않는 원형의 삶을 살아가려는 의지를 드러내 보인다. 동시에 그것에는 불가피한 현실에 긍정적으로 순응하려는 심리가 작용하고 있다. 기억의 망실을 통해 아픈 지난 삶을 지우려는 것도 넓은 의미에서는 그러한 긍정과 화해의 포즈로 읽을 수 있을 것이다. 고통이 가르쳐준 지혜로운 삶의 길, '인고(忍苦)의 보살행(菩薩行)'같은 것을 여기서 떠올려 볼 수도 있을 것이다. 그러나 시인의 시들에서는 아직도 상반감정의 양립성, 즉 현실에 대한 긍정과 부정 이라는 두 개의 축이 각축하고 있다고 보는 편이 더 정확할 것 같다. 부당하고 참담한 현실과 화해하고 그것을 포용하려는 의지에는 그것의 장애를 초극하지 못한데서 오는 미련과 슬픔, 고통의 얼룩이 여전히 짙게 배어있기 때문이다. 다시 말해 마흔 넘어서의 이 나이에 시인이 찾아들고 싶은 정신적으로 맑은 승화의 경지와 그에 이르지 못한 자의 혼미한 심적 상태는 많은 시들에서 되풀이되고 있는 것이다. 그리고 1부의 시들을 두고 이미 말했지만, 이러한 갈등적 상황과 그것의 함의가 김일남 시인의 이번 시집이 보여주는 가장 근원적인 진실이라 판단된다. 시인이 시 속에서 노정하고 있는 세계와의 화해, 혹은 이상적인 삶을 향한 소망과 그것을 가로막는 현실 사이의 갭을 어떻게 메울 수 있을까? 지천명의 나이에 이르러서도 여전히 고뇌의 형극을 걷고 있는 시인의 현실을 우리는 어떻게 이해하고 또 위로해야 할까? 이미 답은 그의 시들에 나와 있다고 생각된다. 어렵지만 그가 소망하고 있는 바, 삶과의 따뜻한 화해의 길, "주머니 속 행복을 꺼내 들고/ 미소 짓는 모습을" 체현하는 일이 바로 그것일 것이다. '그와 같은 체현을 통해 맑고 순수한 영혼의 울림이 되는 시가 시인의 다음 단계의 시가 아닐까' 필자는 조심스레 진단해 본다. 물론 부정적 현실의 잔재들이 말끔히 제거된 맑고 깨끗한 영혼의 울림이 살아있는 세계만이 유일하게 김일남 시인의 다음 시적 행보가 되는 것은 아닐 것이다. 다만 이번 시집의 시들이 내장하고 있고, 또한 소망하고 있는 길을 따라갈 때에 열릴 새로운 가능성을 필자는 그렇게 예측해 볼 뿐이다.

위에서 대체적으로 분석한 작품들 외에도 2부의 다른 많은 시들에는 마흔 너머의 삶에 대한 다양한 기록들이 들어 있다. 기억은 쇠퇴하지만 나이 들어 더 살뜰하게 살아왔던 젊은 날의 열정과 추억들(〈얄궂은 하루〉), 돋보기를 쓰고 "삶의 중턱 어디쯤에 위태롭게 서 있는/ 나를 발견……"하는 서러운 인생의 황혼(〈돋보기〉), "고혈압. 당뇨. 심근경색" 같은 "쓴맛과의…… 동거"가 불가피해진 나이, 아픔으로 뒤엉킨 "미로의 숲"같은 세상에 대한 회오의 감정(〈동행〉, 〈병원풍경〉), "슬픔과 아픔이 한 끼 밥으로/ 번갈아 밥상에 오르기 마련"인 때(〈당연한 일과〉), 장례식, 결혼식 가는 일이 잦은 때(〈일상〉, 〈초상집〉), "바닥이 드러난 삶의 개펄"에 앉은 망둥이 같은 나(〈망둥어〉) 등의 작품들을 그 예로 들 수 있다. 그 가운데 〈유언〉이라는 시는 특히 슬픈 비가가 되어 너무 슬프다. 꼭 자전적이라고는 할 수 없지만, 시에 일관되는 비관적인 정서는 장례를 "축제"라고 표현하는 시인의 역설에도 불구하고 진한 슬픔의 너울을 끝까지 잦아들게 하지 않는다. 그렇지만 그 어조와 상황이 어떤 이름을 알 수 없는 어떤 고전 시의 패러디 같다는 느낌도 든다.

무대 위에 내가 이승의 노을을 털고
마침내 연기가 피어오르면, 당신
음악을 틀어요
해바라기 한 송이 꽃병에 꽂아
조촐하게 무대를 장식하고
흥겨운 노래를 틀어요
축제를 시작해요

어둠이 푹신한 무대에 누워
마지막 축제를 관람하다가
밝은 어둠 속, 나 잠 들 테니
밤이 깊을수록 흥겹게흥겹게
점점 신명나는 리듬을 깔아
볼륨을 높여요, 당신

딸아 아들아

어머니를 도와 이렇게 마중하되
반드시 어머니를 부축하고
아들아 딸아 절대 울지 말아라

3

김일남 시인은 이제 그의 삶의 연륜뿐만 아니라, 그의 시적 이력도 남에게 뒤지지 않는 사람이다. 이 시점에서 필자는 그 누구보다도 이 척박한 삶이 그에게 더 호의적이고 희망적인 것이 되기를 바란다. 어떤 향기롭고 아름다운 완성의 세계를 향해가듯, 시인의 상실과 상처의 아픔이 흔적 없이 사리지고 서쪽 하늘의 무지개 같은 행복감이 그의 내면을 환하게 물들이는 날이 빨리 오면 좋겠다. 그런 날에는 앞서 말한 '맑은 영혼의 울림이 되는 시'도 절로 육화된 시인의 말로 자주 쓰여지리라. 그럴 때 타산적인 이기(利己))의 머리가 아니라 마음의 피가 통하는 세상은 한없이 따뜻해 질 것이다. 시 〈소망〉이 그리듯, 어쩌면 인생사의 갈등과 부조화를 해소하고 나이 마흔을 넘어서 지천명에 이른 시인이 궁극적으로 찾고자 하는 바도 바로 그런 것이리라. 서로 다른 개성의 재료로 지어진 세계라는 집에서 시인은 "은은하게 빛나는 어느 서까래의/ 한 조각",

"한 점 문양"이 되기를 희구한다. 서로 다른 개인의 욕망이 더러 충돌하지만, 끝내는 너와 나 분별없이 함께 어우러지는 삶, 화해로운 공생의 자리를 특히 이 시의 마지막 이미지 "바다"는 환기한다. 수많은 개체들로, 그것들의 충돌로 분열하던 삶은 점점 더 큰 물줄기를 이루며 강을 지나고, 끝내는 바다에 이름을 이 시는 역설하고 있다. 또 삶이나 세계가 한 채의 조화로운 집이라면, 개인적인 욕망의 지나친 발현은 그 집의 균형을 깨뜨리는 파괴행위인 동시에 타인에게 해를 끼치는 일이 됨을 시사한다. 그러므로 시인이 간절히 소망하듯, 세계라는 이 인간과 만물의 집은 오래 건강하게, 그리고 행복하게 유지되어야 하지 않겠는가!

나와 너의 지문(指紋)이 다르고
수놓은 문양(紋樣)이 다를지라도
올바르게 다듬어진 재목에 앉아
도란도란 이야기로 흐르면
정겨운 기둥이 되고
밀거니 잡거니 등허리를 타고
개성 있는 지붕 밑에 둘러앉아
은은하게 빛나는 어느 서까래의

한 조각이 되고 싶다
한 점 문양이 되고 싶다

더러, 파격이 부조화의 조화로
빛날 때가 있지만
외로운 서예가가 골방에 앉아
수없이 화선지를 찢는 것은
한 획 비백(飛白)이 부조화로 남아
모든 서체(書體)가 예민해 질 때

서로 다른 지문과 문양이
물방울로 만나 강물 되어 흐르다가
어디쯤에 잠시 쉬어 삶이여
달과 별이 쏟아지는 호수가 되었다가
함께 모여 꿈틀대는 용트림
망망하고 아득한 바다에 닿아
저 망망함의 한 조각이 되고 싶다
저 아득함의 한 방울이 되고 싶다

위의 시와 더불어 시인의 시들을 두루 살펴볼 때, 그것들이 아무리 고통에 찬 지난 삶에 대한 회한의 얼룩으로 물들어 있다 하더라도, 화해로운 집의 "한 점 문양"이기를 바라는 그의 소망은 궁극적으로 사랑을 향해 열려 있다. 시의 아픔과 슬픔, 회의와 신음들은 그러한 사랑의 길을 가는 자에게 어른거리는 안타까운 수난의 흔적이나 무늬들인 것이다. 다름 아니라 시인의 고뇌는 삶에 대한 희망, 사랑의 길을 저버리지 못한 데서 오는 것이다. 이미 피력했지만 시인의 이 사랑의 길이 맑은 영혼의 향기로 그윽하게 열리는 날이 오리라 필자는 믿는다. 그럴 때 시 〈사진 찍기〉에서 보듯, "세월의 어디쯤에 구도를" 잡으면, 지나간 삶의 풍경들도 멋들어지게 아름다울 수 있으리라 또한 믿는다. "마흔도 훌쩍 넘어" 지나간 삶이 허망함을, "정녕 꿈"이었음을 알았지만, 그러나 그것은 말 그대로의 공허로 남을 것이 아니라, 끝내는 달콤한 영혼의 열매로서 풍성하게 무르익을 것이다. 그 열매는 시인의 이 다음 시에 주렁주렁 열리리라. 마지막으로 시인의 이번 시집에는 인상적인 두 편의 시가 있다. 하나는 이미 언급한 시 〈밥〉이며, 다른 하나는 〈아내가 남편에게〉이다. 〈밥〉은 남편이 아내에게 바치는 형식의 시이며, 〈아내가 남편에게〉는 시의 제목 그대로 아내가 남편에게 바치는 형식으로 쓰여 있다. 밥 먹고 사는 일에 파묻혀 제대로 챙기지 못한 아내에 대한 미안한 감정을 시 〈밥〉이 표현하고 있다면, 〈아내가 남편에게〉는 또 그 대구가 되는 듯한 내용을 담고 있다. 이 두 편의 시의 대구는 그 자체로 아름다운 사랑의 문답법이 아닌가! 그것은 또 가장 사소한 듯 가장 소중하고 큰 사랑의 일이 아닌가! 이런 소중한 일상의 것들로 하여 김일남 시인의 사랑의 길에는 더 없는 희망의 문이 열려 있는 것이리라. 비록 오욕의 세계에 대한 부정적 의식이 크게 작용하고는 있지만, 그의 시에는 가족을 비롯한 자신의 주변세계에 대한 애정이 서정의 바탕을 이루고 있다는 사실도 이런 점에서 무시할 수 없으리라. 그러면 시 〈먼지 털기〉를 이 글의 모두에 걸어두듯, 시 〈아내가 남편에게〉로 이 글의 말미를 장식하는 것으로 필자의 글을 끝내려 한다. 남편을 바라보는 아내의 눈길과 더불어, 인생이라는 "오늘 이 썰렁한 무대에서/ 문객이 올 때마다 가벼운 이미지로/ 아픈 표정을 연기할 수밖에 없는/ 이 못난 아내의" 마음이 어떠할꼬? 실로 짐작이 가고도 남는다. 지난 가을 그의 집에 들렀을 때, 시인의 아내는 우리 부부에게 냉장고에 고이 얼려서 간직했던 은어 여러 마리를 봉지에 싸주었다. 그 맛은 진실로 따뜻한 피가 통하는 사랑의

맛이었다. 그리고 맛은 선연한 “이미지로” 오래 오래 나의 머릿속에 그릴 수 있었다

낭신의 아픔을 이미지로 그릴 수밖에 없는
나를 용서 하소서
시트가 깔린 무대에 누워
엷은 미소로 쳐다보지만
타는 아픔이 등줄기를 누르는데
그냥 그 관객으로 바라보는
나를 용서 하소서
일상을 자랑으로 여기던 당신
아내라는 이름이어도 떳떳할 것 하나 없는
오늘 이 썰렁한 무대 곁에서
문객이 올 때마다 가벼운 이미지로
아픈 표정을 연기할 수밖에 없는
이 못난 아내를 용서하소서

1995. 제3시집 내 너에게 한 마디만 하자– 해설

상상력을 통해 본 시인의 꿈
제3시집 〈내 너에게 한 마디만 하자〉 해설

김일남 시인의 기다림과 내면의식을 중심으로

엄창섭(시인/관동대학교 교수)

1

존 러스킨은 '세월은 강물처럼 흘려보내는 것이 아니라, 성실로 채워가는 것이라'고 지적한 바 있다. "有形의 印象에 敏感한 詩人"으로 지칭된 김일남 시인이 〈즉물환상〉이라는 두 번 째 시집을 上梓한 이후 2년 남짓한 시간을 축으로, 온갖 고통을 감수하면서 문제의 제3시집 〈내 너에게 한 마디만 하자〉를 또 다시 간행하였다. 매사에 꼼꼼하며 비교적 언어 공해의 심각성을 누구보다 절절하게 일깨워주는 김 시인의 '내 너에게 한 마디만 하자' 는 언어의 뉘앙스를 통해 조심스럽게 실체를 드러내면서 우리에게 신선한 감동과 충격을 안겨줌은 실로 기분 좋고 함께 축하할 일이다.

그러나 무엇보다 먼저 절대적 존재들이 사라진 공간에 일시적 혼돈이 자리한 우리의 현실적 상황에 있어서도 어떤 시각에 있어서는 한국 문학의 침체성에 관해 우리의 목소리를 높이는 것보다는 한국의 시문학은 다양한 변신을 시도하고 있다는 긍정적 사고를 지닐 필요가 있다. 그것은 고뇌를 통해 생산된 것은 진실하다는 논리에 의거, 새로운 기법과 주제, 그리고 새로운 상상력의 개발에 주력해야 하기 때문이다.

이에 우리가 참을 수 없는 존재의 가벼움에 대한 새로운 인식은 물론 김일남 시인의 시편을 통해 본 시인의 꿈이 무엇이며 그 나름의 世界苦가 무엇인가? 또 그 자신이 불투명한 이 시대를 대변할 수 있는 새로운 문학적 패러다임을 탐색하기 위해 애씀의 땀을 흘리는 지적 고뇌의 의미성을 파악할 때 비로소 정신적 방랑은 시작될 것이다. 이 점을 중시할 때, 제3의 물결로 치달은 후기 산업사회에 대응해야 할 우리의 시문학은 부득이 새로운 활력과 지평을 열어가기 위하여서는 무딘 감각을 부단히 일깨워야 한다.

또 하나, 문학이 사람됨을 형성하는데 있어 예리한 비평정신이 요구되고, 이 같은 정신적 작업을 위해서는 批評이 더욱 대중 속에서 건강한 자리매김을 해야 한다. 또 하나, 우리가 접할 미래 사회에서 살아남기 위해서는 무엇보다 상상력의 개발이 주어져야 하는데 그 하나의 해결 방안으로 행복한 책 읽기를 試圖하여야 할 것이다.

2

일찍이 하이데거는 '절대적으로 매개된 것'이라며 存在에 관해 언급한 바 있다. 비교적 자가 자신의 정립과 省察의 자세로 시 작업에 몰두하고 있는 김일남 시인은, 시적 매개물로 '파문, 江'을 즐겨 사용한다. 그 자신의 삶에 있어 애써 의지의 소산이라고 역설하지 아니 하더라도 이것은 作用影響的 意識의 드러냄이라고 할 수 있다.

삶의 공허 앞에서 절망하기를 거부하며 어둠 저 편의 밝음을 열망하는 그의 정신세계는 상상의 아름다움과 접맥되어 있다. 비록 일상에서 오는 삶의 무게가 힘겨울지라도 부딪쳐 오는 물상과 미세한 심적 발상을 미적으로 형상화 시키려고 고통을 감내하는 그 자신을 물의 흐름에 지속적인 관심을 보이고 있다. 끊임없는 흐름으로 變轉이라는 의미 속에서 도식화된 형상에 머물지 않는 존재의 가벼움, 곧 변화되는 상황에 대한 남다른 집착은 그가 지닌 잠재적인 가능성으로 시적 魅力이기도 하다.

듣지 않으면 제멋대로 돌다가

튀는 파문이

나를 덮고 너를 덮고

우리들 덮어

어둠의 江이 되어 흐른다

어지럽고 아득하여라

「내 너에게 한 마디만 하자」중에서

감성(感性)이 널려있는 들판에서

행복을 낳고 꿈을 낳지만

욕망이 흔들리는 갈대 숲에서

얼굴을 가린 비수가 된다

「말 1」중에서

오마를 이븐은 우리의 삶에 있어서 돌이킬 수 없는 네 가지를 '쏘아버린 화살과 뱉아버린 말'이라고 지적한 바 있다. 간혹 언어의 연금술사로 지칭되는 시인은 기호의 표정인 말에 대한 남다른 애정과 깊은 관심이 있어야 한다.

특히 공도의 세계가 무너져 불신으로 치닫는 현실 상황에서 정신적 작업에 종사하는 이들이 분별력 없이 뱉아 놓는 언어가 상대방의 마음에 치유할 수 없는 상처를 주는 독 묻은 화살이 되고 얼굴을 가린 비수가 된다면 예술처럼 소중하고 아름다워야 할 우리의 삶은 깊은 어둠의 나락으로 추락할 것이다.

투명한 느낌이어도 입술을 뜨면
마음에도 없이
모호함의 거리에서 방황하다가
막다른 골목에서 너는
치수에 맞지 않는 신을 신는다
「말 2」중에서

말은늘
추억을 일깨우는 뇌관이다
툭 때려
그 심지에 불을 놓으면
심상(心象)에 앉아있던 삶의 추억들
타오라 활활활
또 다른 느낌으로 폭발하는 파편들
「말 5」중에서

절반의 가슴으로 내게 다가와
불투명한 느낌의 탑 위에서
위험한 눈빛으로
흔들리지 않느냐
「말 8」중에서

한낱 파편이어도
어디론가 날아가
이 가슴 저 가슴에
빛과 어둠 휘두르는 비수여
「말 10」중에서

나는 말, 좋아하지 않아
사랑하지 않아
좋아하고 사랑하지 않아도
뼈저리게 말을 팔러 다니지
너를 먹고 사는 거야
「말 22」중에서

김일남 시인의 시편은 지나친 장식이나 기교 또는 치밀하게 각색되지 아니한 단순하고도 진실된 그대로의 모습을 담고 있기에 우리에게 친근미를 높여주는 효과가 있다. 그의 시편이 자기 합리화나 모순에 이끌리어 자기파멸을 가져오는 위험성을 배제하고 있기에 독자의 사랑을 받는 것이다. 다행스럽게도 현명한 그는 세계로부터 공인된 시인이라 할지라도 공인의 입은 무거워야 하고 '좋은 개는 함부로 짖지 않는다."는 언어의 사회성을 누구보다 깊이 인식하고 있다.

언어의 停滯性에 대한 세심한 분별력이 없는 한심스런 오늘의 사회를 향해 김일남 시인은 산업 쓰레기처럼 쏟아져 나오는 무분별한 출판물이나 방송 매체를 통해 여과되지 않은 상태에서 혼란을 가중시키는 언어의 '모호함'을 끝내는 뇌관이 되어 생명체를 폭발시키는 잔혹한 무기에 견주어 行爲와 思考의 이중구조를 조심스럽게 비판하고 있다. 그러면서도 사랑하지도 좋아하지도 않으면서도 因緣의 끈을 냉정하게 절단할 수 없는 안타까운 현실적 상황을 절규처럼 흘리며, 혼탁한 시대를 고통스럽게 살아가는 소시민의 고독하고 우울한 단면과 자신의 복합적이고 델리케이트한 내면 풍경을 '너를 먹고 사는거야.' 라며 시적 감흥에 담아 표출하고 있다. 삶의 애환을 잔잔하게 풀어내는 김일남 시인의 情緖, 이것이 독자의 관심을 끄는 그의 詩

格으로, 그의 시가 폭넓게 수용하고 있는 거부감 없는 몸짓이며 숨겨진 秘法이다.

〈내가 저 산에 오르는 것은〉은 그의 시집 2부의 표제이다. 山의 기호학적 의미는 남성 상징으로 생명과 직결된다. 시인은 그 자신이 역사의 md인으로 한 시대의 고통을 껴안고 때로는 단절된 인간관계를 회복시키는 소임을 엄숙히 수행하여야 하고 지속적으로 확인하여야 한다. 그는 한 걸음 더 나아가 ' 녹슬고 튼튼한 다리 부서져 내리면/겹눈을 달고 律法의 안테나는 더욱 민감하게 작동하리라.'(법률사전)는 시행처럼 몸 담고 있는 시대에 비판 정신을 지닌 감시자로서의 역할 또한 소홀히 하지 말아야 함도 일깨워 주고 있다.

그 迷路를 걷는다. 걸음조차 제도에 길들여져
파란 불이 켜지고 어디론가 몰려가는 律法의 다리들
〈歷史는 歷史가 아니다. 제도의 歷史이다.〉
가다 가다가 저들 녹슬고 튼튼한 다리 부서져 내리면
겹눈을 달고 律法의 안테나는 더욱 민감하게
작동하리라
누워있는 어둠에도 흔들리기 위하여
「법률사전」중에서

혹여

내 진한 개성이 너의 영혼 주물러

나도 모를 어둠 던졌다면

뼈마디 깊숙, 사죄하리라

우리 너무 진한 표정

자랑처럼 세우지 말자

「우리 너무 진하지 말자」중에서

뿐만 아니라, 그 자신이 시편을 통해 자연의 순리-생명의 질서를 거스르지 아니하고 절제된 정감을 가라앉은 톤으로 읊으며 현실 문제를 끌어안으려는 그의 인간적 我執은 생명의 외경심과 밝은 희망을 신선한 충격으로 안겨준다. '나도 모를 어둠 던졌다면/뼈마디 깊숙, 사죄하리라.'라는 시구처럼 하찮은 일상적인 행위의 결과에 대해서도 스스로를 자책하며 용서를 비는 따뜻한 눈빛을 지녔기에 모름지기 그의 시편을 찬찬히 읽어 내려가면 다행스럽게도 상처받은 우리의 영혼이 치유 받고 淨化되는 내재된 힘을 발견하게 된다.

항시 불확실성 너머에 있는 실체-내면에 자리한 또 하나의 自我-실존의 본질을 향해 상상의 미학을 구축하고 있는 점을 신선한 감동이며 충격이라고 지적한 바가 있지만, '우리, 너무 진한 표정/자랑처럼 세우지 말자.'에서 도출해 보인 그 자신의 마음 씀, 겸허함은 맑고 티없는 영혼의 하늘을 우리 앞에 펼쳐 보이는 소중한 정신적 행위이기에 그의 시편은 관심의 대상이 되고 공감 폭을 넓혀 가는데 부족함이 없다.

혹한의 겨울 황량할수록
재 너머 누워있을 새 봄날은
가지가지 산뜻한 잎
뿜어내리라.

「나무를 보며」중에서

평범한 일상적 체험도 시적으로 처리하기 위해 상상의 프리즘으로 굴절시켜 현란한 心象을 창조해내는 독특한 언어 감각을 지닌 김일남 시인은 따뜻한 영혼의 소유자이다. 현실상황에 부대끼는 대다수 이들이 혹한과 황량한 겨울로 온갖 고통을 겪고 있지만 상대적으로 '산뜻한 잎 뿜어내는 새 봄날'을 희망으로 대치시켜 삶의 질을 높이며 시적 미감을 감지시켜 줄뿐더러 봄 햇살에 照應하는 떨림 또한 예감케 함은 실로 큰 기쁨이 아닐 수 없다.

'밤은 /오직 일어서기 위해……/오직 깨어나기 위해/밤은/주위의 목소리를 잠 재운다.' 밤에서 보여주듯 그는 베일 속에 감추어진 존재의 밑바닥을 어둠과 직결시키며 밤이란, 단절과 절망이 아니라 새로운 인식의 깨어남임을 명증시켜준다. 보편적으로 '좋은 시란 外延과 內包의 최원의 양극에서 모든 의미를 통일한 것'이다.

시적 진리란 인지하지 못한 인간의 경험세계와 자연세계에 있어서 정감적 미와 정신적 의의에 대해 눈을 뜨게 하는 것이다. 새삼스럽게 시인은 다수의 독자에게 감화와 생기 그리고 영감으로써 힘을 북돋아 주는 동시에 기쁨을 주는 존재임을 확인할 필요는 없지만 시의 문자적 해석은 言+寺=持(뜻이 무엇을 향해 똑바로 나아간다. 손을 움직여 일한다. maker)로 〈文心雕龍〉의 '詩者持也 持人情性'을 재음미하여야 할 것이다.

> 네 어깨 위에 앉아있는 한 줌 바람이
> 무겁게 느껴지는 것은
> 내가 너를 바라보는 연민의 情이 아니라
> 여린 네가
> 세상의 뜰에 나가 반듯하고 탐스러운

꽃 피우길 바라기 때문이다.

「어머니가 너에게」중에서

기다림이 없으면
틈새엔 이미
설레임이
아련한 사랑의 느낌이 피지 않는다.

....

기다림이 없으면
설레임보다
애틋한 사랑의 느낌보다
어느새
황량한 이별이 싹트고 있다.

「기다림이 없으면」중에서

진실된 시인에게 있어 '生命의 結品'이란 자연의 모방에만 멈추지 아니하고 자연의 연속체로 자연의 뜻을 顯現하는 또 하나의 대자연을 창조하는 것이다. 불행하게도 시는 있는데 진정한 시인이 없는 오늘의 우리

사회는 어떠한가? 지나치게 매스컴을 의식하여 기교의 복잡성, 난해성에 치우치고 불신이 자리해 독자로부터 시인이 배척받는 우리 문단의 현상은 실로 안타깝다.

시 창작에 몰두해야 할 다수의 시인은 새로운 소재와 세계와의 만남을 계기로 변화의 장을 구축해야한다. 김일남 시인도 생활인이기에 혹여 낯선 물상과의 만남으로 환희의 순간을 접하기도 하고 실의의 순간을 접하기도 한다. 그러나 자녀의 어깨 위의 한 줌 바람도 무겁게 느끼는 母性의 순수성이나 기다림이라는 통로를 통해 헤어짐을 연상하는 그의 정신 세계는 무한의 공간을 향해 열려있다. 비록' 세계를 비추는 번개, 짧고 황홀한 일순간' 이라는 발자크의 지적처럼 그의 시편에 예언적인 箴言이나 새로운 충격을 담아 감동을 주는 참신성이 다소 결여되고 있다고 하나 무엇보다 자명한 것은 그 자신이 시의 본령인 순수 서정시의 영토를 확장하려고 고뇌하며 자신의 피를 말린다는 것이다. 우리는 그의 이러한 점에 뜨거운 박수를 보내는데 더 이상 인색할 필요가 없다.

한 마디 말없이
천금의 말이 되어
내 가슴
깊이를 알 수 없는 어둠이 오면
불멸의 빛이되어 있었다

내가
지팡이를 원한다면 그대
던져줄 수 있을까?
조건없이 그냥 그
편안한 손길로
건네줄 수 있을까?

「소망」중에서

주름져 아름다운 그대 눈빛
저 순수 탓하지 마라
깊은 산 속, 추억이 흐르는 호반에서
오히려 그 영혼 맑아진다네

「화장술」중에서

남편으로부터 진실된 사랑을 받는 아내에게는 지나친 화장이 불필요하다. 진실 위에 서서 시의 꽃을 눈부시게 피우려고 참으로 오랜 날의 고통을 이겨낸 김일남 시인의 시적 자세는 너무 진지해서 때로는 눈물겹다. 오로지 그에게 있어 관심사는 가시적이든 불가시적이든 정신세계의 끝없는 모색의 산물인 詩作이며, 言語이다. 항시 그는 우리로 하여금 민족의 바언을 淨化하게 하고 마음으로 하여금 먼 앞과 먼 뒤를 보게 하려고 한 편의 시와 언어를 통하여 현상적인 것들에 대한 관심을 끊임없이 재인시켜 주려고 참으로 열심히 傾注하고 있다.

3

모름지기 현대시의 과제가 상징적인 기교를 지니면서도 대중을 배반하지 않는 시편의 창작이듯이 이 시대의 시인은 내면세계의 미학 (이미지의 미적 주권, 대상에서의 해방, 꿈과 상징의 표징인 이미지 창조 등)에 대한 새로운 인식과 이론적인 모형을 부단히 탐색해야 한다.

특히 '상상력을 통해 본 시인의 꿈'이라는 구도로 김일남 시인의 시편에 대해 나름대로 해석의 잣대로 다소의 문제를 제기해온 나의 기대는 현실에 안주하고 있는 대다수 이 땅의 시인들과는 달리 자기의 목소리를 지니고 사물에 대한 세심한 관심, 世界苦를 함께 하는 공동체 인식에도 지속적인 관심을 기울여 달라는 것이다. 이 차지에 또 하나는 '바로 코 앞의 것'에 대한 기호화, 현상화라는 사물 자체의 직접적 처리도 중요하지만 작은 풀꽃, 미세한 한 자락의 바람에 이르기까지 생명의 외경과 진진한 구도적 자세가 목숨을 이어가는 실핏줄처럼 뜨거운 심장 속에 자리해 달라는 것이다.

모쪼록 김일남 시인의 靈感으로 감지하는 세계에 생명의 충만함을 안겨주려는 소중한 작업은 고통 속에서도 엄숙하게 수행되어야 한다. 비록 그 자신이 가장 행복한 존재로서의 삶을 살지 않는다 하여도 최소한 자기의 정신적 삶의 근거인 언어의 집을 짓는 일에 더욱 정진하기를 바란다, 인간은 자기 흔적을 남기는 존재이기에 동시대의 어떤 시인보다도 현명하고도 용기 있는 시인으로서의 본래적 소임과 과업에 대한 열성, 그리고 眞理에 대한 신념을 성취히기 위해 당당한 목소리의 소유자로서 자신을 해체하고 재창조하는 작업에 불멸의 詩魂을 불태워 주길 바란다.